HISTOIRE DU LUXEMBOURG

des origines à nos jours

Jean-Marie Kreins

Sixième édition mise à jour
18e mille

puf

Du même auteur

« Le RP Alphonse Cus, s.j. (1846-1910). Antécédents et action sociale dans la province de Luxembourg », *Annales de l'Institut archéologique du Luxembourg*, t. CXXII-CXXIII, 1991-1992, Arlon, 1996.

À lire également en *Que sais-je ?*

Jean-Jacques Bouquet, *Histoire de la Suisse*, n° 140.
Jacques Droz, *Histoire de l'Allemagne*, n° 186.
Pierre Vilar, *Histoire de l'Espagne*, n° 275.
Pierre-Yves Beaurepaire, *L'Europe des Lumières*, n° 3715.
Alain Tallon, *L'Europe de la Renaissance*, n° 3767.

ISBN 978-2-13-065190-1
ISSN 0768-0066

Dépôt légal – 1re édition : 1996
6e édition mise à jour : 2015, octobre

CHAPITRE PREMIER

Premières occupations du territoire

De la Préhistoire... – Nos connaissances sur le genre d'existence des premiers occupants qui peuplèrent l'actuel territoire luxembourgeois sont des plus ténues.

Les premières traces d'activité humaine sembleraient remonter au *paléolithique inférieur*. Les fouilles ont révélé l'existence d'une activité industrielle lithique ancienne dont nous gardons pour témoins des pierres à la taille rudimentaire, type *coups-de-poing* en silex, outils et armes à la fois, ou bien des objets en quartzite distribués pratiquement sur tous les sites fouillés. Il est probable que les premières populations se rattachèrent au groupe des chasseurs-pêcheurs, dits de Mauer (*homo Heidelbergensis*), de provenance sans doute méditerranéenne, et firent souche dans la région de la Moselle (*Mosella*), notamment en Lorraine. Au cours de la période *acheuléenne*, de nouvelles populations méridionales s'implantèrent sur les hauteurs dominantes des rives de la Moselle et de la Sûre inférieure, suivies au *Moustérien* d'autres groupes humains venus de l'ouest et du sud de l'Europe. Ces populations, proches sans doute de la race de Neandertal et de Spy (Belgique), occupèrent occasionnellement des cavernes et inhumèrent leurs morts avec vivres et objets usuels.

Dès le *Paléolithique supérieur*, soit environ 40 000 ans avant l'ère chrétienne, apparaissent des traces d'homme de Cro-Magnon (*homo sapiens diluvialis*). Les changements climatiques provoqués par la glaciation contraignent le nouvel arrivant à se réfugier dans les grottes et les abris naturels. On trouve des témoignages de ces habitats le long de la Sûre (*Sura*) et de l'Ernz noire dans la région du Mullerthal. Plus évolué que son prédécesseur, cet homme de l'*âge du renne* développe une industrie lithique florissante et notamment des lames tranchantes. Outre la pierre, il transforme os, ivoire et bois de renne pour en faire des ustensiles usuels et des objets de parures masculins et féminins dont on conserve des spécimens dans les collections du Musée national à Luxembourg. Il subsiste aussi des témoignages d'activité humaine datant de l'*Aurignacien*, du *Présolutréen* et du *Magdaléen*, en particulier sur les sites d'Œtrange, dans la région d'Echternach et d'Altrier.

Au cours du *Mésolithique*, les peuplades locales se stabilisent pour développer les activités plus sédentaires de pasteurs et d'agriculteurs. De cette époque, on a conservé des *microlithes*, harpons et pointes de flèches, des tessons de poteries et le premier squelette d'un jeune adulte mâle. Des traces d'activité humaine furent localisées dans la région de Diekirch (au lieu-dit *Herrenberg*), près de Rodange (au lieu-dit *Titelberg*, qui sera ultérieurement un oppidum celtique), dans la vallée de l'Ernz noire, à Marscherwald, Berdorf, Altwies et Itzig près de Luxembourg. À la fin de la période, les vastes mouvements migratoires des peuples indo-européens assurèrent sans doute à nos régions un apport de populations nouvelles.

Durant le *Néolithique* (entre 3500 et 3000 av. J.-C.), les populations quittent les vallées pour se répartir sur les plateaux fertiles du calcaire liasique et sur les terrains triasiques. D'où viennent-elles ? Les modalités de l'expansion du néolithique restent encore à préciser mais il semblerait que des flux migratoires aient existé en provenance des régions rhénanes. Les premiers agriculteurs cherchent des terres fertiles. En contournant le massif ardennais et sa vaste forêt (le terme *Arduenna* est un toponyme celtique signifiant *haute forêt*) dont les sols pauvres constituent un milieu naturel peu attractif, ils se répartissent vers le nord (environ 4000 av. J.-C.) à partir de la région de Cologne, et vers le sud en suivant la vallée de la Moselle pour pénétrer dans le nord du Bassin parisien (peu après 3500). On trouve des témoignages de leur présence entre les cours de la Syre, de la Moselle et de la Gander, ainsi qu'au sud et à l'ouest de la Sûre inférieure. Malgré le peu de documents disponibles, on sait que ces peuplades vécurent dans des huttes et construisirent peut-être des palafittes. Certaines érigèrent des monuments mégalithiques comme l'*Autel du Diable* près de Diekirch. En plus d'outils et d'armes polis, on a découvert des vases en céramique rubanée (*Bandkeramik*) d'origine danubienne et des vases campaniformes (*Glockenbecher*). Malgré ces quelques découvertes, le *Néolithique* reste peu représenté dans la région.

La transition fut lente de la pierre au cuivre puis au bronze. Des fouilles dans la région de la Moselle (Trèves et Sierck) ont livré des lingots et des haches de cuivre provenant sans doute du commerce avec l'Europe centrale. Le bronze apparaît vers 1800 avant J.-C. Les objets en bronze furent mis au jour dans toute la région luxembourgeoise, tant le long de la vallée de la Moselle, de Remich à Grevenmacher et à Schengen, que dans les régions environnantes du pays de Trèves et de l'actuel Luxembourg belge (Arlon et Fauvillers). Outre ces outils en bronze, on a découvert des objets en or produits probablement à partir d'anciens gisements aurifères des actuelles provinces belges de Liège et du Luxembourg. D'après les différents sites des découvertes, les populations de l'*âge du bronze* occupèrent les mêmes territoires que ceux du *Néolithique* – à savoir, les plateaux proches de la Moselle et de la Sûre inférieure. À côté de tertres funéraires fouillés à Schengen, Remerschen, Niederdonven (Moselle), Hünsdorf (Alzette), Hobscheid (Eisch) et Mompach (Sûre inférieure), les fouilles ont permis de localiser des champs d'urnes à l'est du Gutland, sur la Sûre inférieure et la Moselle. C'est vers la fin de l'âge du bronze qu'ont lieu une fois de plus de grandes migrations. La migration de populations orientales et méditerranéennes, mises en mouvement par une période de sécheresse qui s'est déclarée vers l'an mil, conduit dans nos régions des populations celtiques en provenance probable de l'Illyrie et du Danube. Avec ce nouvel apport migratoire, le territoire passe à l'*âge du fer* (environ IXe siècle av. J.-C.). Durant la période du *Hallstatt*, les populations localisées dans le sud de l'actuel territoire luxembourgeois (dit *Gutland* ou *Bon Pays*), instruites sans doute par des artisans originaires d'Europe centrale, vont travailler le fer. Favorisée par sa position centrale, la région bénéficia d'apports divers : superposition de l'utilisation du bronze et du fer, fabrication de poterie hallstattienne, influences multiples tant de l'Europe du Sud que de l'Europe centrale. Les objets découverts sont multiples : épées, poignards, lances, javelots, boucliers et cuirasses retrouvés dans les tombes des guerriers. À part les armes, on dénombre aussi des objets ornementaux tels des colliers ou des anneaux et des poteries du *Hallstatt*, jaunes, rouges ou noires de type méridional.

Semblable à celui de la période précédente, l'habitat est formé soit de petites huttes rectangulaires, soit de grandes fermes. Palissades, remparts et fossés entourent les villages souvent construits sur des promontoires comme à Alburg dans la région de Beaufort. L'époque marque un net progrès par rapport à la période précédente grâce à l'usage du nouveau métal, mais aussi par les apports en provenance de l'Europe centrale et méridionale. Pendant la période de *La Tène* (dès le vᵉ siècle av. J.-C.), les populations celtiques vont largement se répandre en Europe et deux tribus se fixent de part et d'autre de la Moselle : les *Trévires*, groupe d'origine celtique, occupent une large partie de l'espace du futur Luxembourg et les *Médiomatrices* s'établissent dans la région de Metz. Ces deux peuplades se rattachent au peuple des *Belgae* établi entre la Seine et le Bas-Rhin. Elles s'établissent sur des sites occupés par leurs prédécesseurs et hérissent la région de forteresses dont le *Titelberg*, vaste *oppidum* de 50 ha sis entre Differdange et Pétange, ou bien sur le plateau de Ferschweiler près d'Echternach.

La « celtisation » va jouer un rôle important dans nos régions : sans le vaste mouvement celtique ouvert aux innovations techniques, économiques et sociales qui se développa chez nous pendant plusieurs siècles, il est peu probable que la civilisation romaine aurait pu s'étendre aussi largement et aussi aisément dans cette partie de l'Europe.

… à l'occupation romaine. – Lors de la guerre des Gaules (58-50), César soumit, non sans peine, un ensemble de tribus établies entre la Seine, la Meuse (*Mosa*), le Rhin, et auxquelles on donna le nom générique de *Belgae*. L'arrivée des légions romaines en 53 avant J.-C. va étendre la *domination romaine* à nos régions. Il faudra néanmoins attendre la défaite des Trévires en 70 (Bingen, Riol, Trèves) pour que la *romanisation* s'enracine ; celle-ci va perdurer jusqu'au viiᵉ siècle de notre ère et opérer des transformations importantes. Durant la période *gallo-romaine*, la composition ethnique de la population ne se modifia guère ; seuls les modes de vies et l'organisation du territoire sont quelque peu transformés. L'apport romain se concrétisa essentiellement par l'arrivée d'agents militaires et administratifs mais aussi par celle d'hommes d'affaires et de marchands. De plus, les Romains permirent la cohabitation des dieux locaux avec ceux du panthéon romain et autorisèrent les habitants à conserver leur patronyme et leur langue. Pour établir la *pax Romana* (de 70 ± 400), jamais totalement acquise sur les frontières germaniques, les Romains organisèrent la Gaule en *civitates*, circonscriptions territoriales soumises à l'autorité d'un fonctionnaire romain. L'espace du futur territoire luxembourgeois s'inscrit à cette époque en grande partie entre la ville de Trèves (*Augusta Treverorum*), capitale des Trévires puis de l'Occident à la fin du IIIe siècle, et Metz (*Divodurum*), centre du territoire occupé par les Médiomatrices.

L'occupation romaine attestée par des documents anciens – l'itinéraire d'Antonin, la carte théodosienne ou de Peutinger, la notice des provinces de la Gaule, la notice des dignités de l'empire –, des textes de César, Dion Cassius, Appien, Strabon, Suétone, Florus, Velleius, Tacite, ainsi que par de nombreuses découvertes archéologiques, laissera des empreintes durables sur le sol luxembourgeois. Aux sources anciennes, il faut ajouter l'œuvre d'Alexandre Wiltheim (1604-1684), historien luxembourgeois et prêtre de la Compagnie de Jésus, dont l'ouvrage *Luxemburgum romanum*, rédigé entre 1661 et 1667, est pour ainsi dire le premier répertoire archéologique consacré à l'ancien territoire luxembourgeois. Les fouilles mirent au jour des trésors enfouis dans plusieurs localités, des collections lapidaires, des céramiques, des verres, des restes de constructions civiles ou religieuses, des voies de circulation, des traces de navigation et des témoignages d'activité agricole et artisanale. Ces textes et fouilles attestent l'existence d'agglomérations à Altrier, Dalheim, Mamer et au *Titelberg* ainsi que des forts et des redoutes à Hamm, Vianden, Soleuvre, Koerich érigés par l'empereur Gallien (260-168) pour faire face aux incursions germaniques et un fortin à Luxembourg. Les archéologues ont exhumé une villa impériale à Contern et des villas à Bollendorf, Echternach, Betzdorf et Ettelbruck. Il existait des établissements industriels à Vichten et Kehlen, des autels votifs à Bollendorf, Berdorf et Dippach et des cimetières à Berg, Cristnach, Remich, Bertrange et Steinfort contenant squelettes, urnes de verre, boucles de ceinturon, peignes, haches et autres objets usuels. Toutes ces découvertes attestent que le territoire fut largement occupé par les Romains et qu'une solide trame économique et commerciale y avait été tissée par les occupants latins. Afin de concrétiser leur occupation, les Romains avaient aménagé un réseau routier dont la plus grande partie de l'infrastructure, formée de voies consulaires (ou impériales) et vicinales, fut achevée entre le Ier et le début du IIe siècle. Nos régions furent parcourues de trois voies consulaires : une voie reliait Reims à Trèves et traversait, entre autres, les actuelles localités de Hagen, Mamer, Strassen, Luxembourg, Senningen, Grevenmacher en franchissant la Sûre près de Wasserbillig ; une route joignait Metz à Trèves et passait par Thionville, Mondorf, Dalheim, pour rejoindre la voie Reims-Trèves ; enfin, le tracé qui reliait Reims à Cologne et traversait les villes d'Arlon (*Orolaunum Vicus*) et de Bitburg (*Beda Vicus*). Outre ces voies principales, il existait un réseau de voies vicinales qui reliaient redoutes, villas, fermes et autres établissements importants à la chaussée voisine. Ces *diverticuli*, connus dans le Luxembourg sous le nom de *Kiem*, ont laissé de nombreuses traces sur le territoire luxembourgeois. De loin en loin sont installés des gîtes d'étapes, des relais de postes, des magasins, des écuries. Le long de ces trajets se développèrent des *vici* (Dalheim, Mamer, le *Titelberg*) et plus rarement des agglomérations urbaines, premiers foyers de la romanisation. L'organisation romaine, la construction du réseau routier et surtout le maintien de la paix apportèrent aux populations locales une prospérité durable. L'héritage latin fut important pour nos régions. L'agriculture se développa grâce à de nouveaux procédés (écobuage, assolement biennal) et par l'apport de nouvelles espèces végétales dont le froment, la plupart des arbres fruitiers et la vigne largement répandue dès 275 sur les terrasses de la vallée de la Moselle et de la Sûre inférieure, culture qui constitue encore de nos jours l'activité principale de cette partie du pays. La métallurgie, la verrerie et la poterie se perfectionnèrent. Dans le domaine intellectuel, la langue celte céda la place au latin, en particulier dans les villes où des familles de renom latinisèrent leur nom. Pourtant, jusqu'aux derniers jours de l'occupation romaine, les frontières entre l'Empire et la Germanie restèrent mouvantes.

Au cours des IIIe et IVe siècles, les Germains passent le Rhin et descendent jusque dans le midi de la France. Dans de nombreuses villes ouvertes de nos régions, dont Echternach, Arlon et Bitburg, des remparts furent hâtivement érigés pendant que les stratèges romains renforcèrent les frontières par des camps retranchés et des castels. Des vestiges de ces fortifications subsistent encore au *Titelberg*, à Altrier, Contern, Mondorf et Clairefontaine près d'Arlon (le *Bardenberg*). Les razzias germaines devenues de plus en plus fréquentes aboutissent, dans les années 406-407, à une invasion plus importante des peuples germaniques – *Suèves*, *Alains*, *Vandales* – qui franchissent le Rhin, poussés eux-mêmes par l'arrivée des *Huns* en Occident. L'ampleur de l'invasion et la piètre résistance des corps auxiliaires germains réfugiés dans des *castella* et des *burgi* ne permirent plus de faire obstacle aux pressions barbares. Déjà vers 390, l'empereur Gratien avait transféré sa cour de Trèves à Milan et déplacé la préfecture des Gaules à Arles. Au départ de Cologne, les Francs Ripuaires empruntent la chaussée romaine et arrivent dans la région de Bitbourg et d'Echternach. Ils s'étendent dans les vallées de la Moselle et de la Sûre avant de continuer leur périple vers la Lorraine. La ville de Trèves, plusieurs fois détruite, fut conquise définitivement en 460 et, dès cette date, l'Empire romain s'éclipsa peu à peu de nos territoires abandonnés à une nouvelle destinée. Une fois de plus, ce sont de grands mouvements migratoires qui opèrent le changement de période historique. Le déferlement des vagues germaniques en 406, l'arrivée des Francs venus des bouches de l'Escaut et de la Toxandrie et le passage dévastateur des *Huns* en 451 déciment les populations romanisées et font définitivement basculer nos territoires de l'Antiquité au Moyen Âge.

Le haut Moyen Âge. – Si les Germains poursuivent, pour la plupart, leur périple vers l'Espagne ou l'Afrique et si les Huns refluent vers l'est après la défaite contre le Romain Aétius aux *Champs catalauniques* (451), les populations locales restent en place.

Après s'être emparés de la ville de Trèves, *Alamans* et *Francs Ripuaires* s'établissent définitivement pour fusionner avec les populations autochtones. Ils amènent avec eux un nouveau langage et une nouvelle organisation territoriale. Le *Moselfränkisch* s'implante comme le futur parler luxembourgeois alors que la partie plus occidentale du territoire conserve ses racines latines. Ainsi, avec le brassage des peuples apparaît une frontière entre les parlers germaniques et les parlers romans. Cette frontière linguistique, qui subsiste depuis, sépara le territoire en deux quartiers : le quartier wallon ou roman et le quartier germanique. Les Francs conservèrent les divisions naturelles antérieures à la période gallo-romaine et partagèrent les terres nouvellement acquises en *cantons (pagi)*. Au sein de l'organisation territoriale ainsi redessinée, le futur territoire grand-ducal s'étendit sur quatre cantons : le *canton mosellan (Pagus mosellanus)*, le territoire de *Bitbourg (Pagus Bedensis)*, le territoire de *Woivre* (*Pagus Wabrensis*, dans l'actuel département de la Meuse) et les *Ardennes* (*Pagus Arduennis*, actuel Œsling luxembourgeois). Des comtes régionaux, représentants des chefs francs et base de l'organisation civile et judiciaire, sont placés à la tête des *pagi*. Les nobles occupent les grands domaines romains et deviennent propriétaires des anciennes villas gallo-romaines qu'ils transforment en villas franques. Hommes libres et serfs se fixent dans les bonnes terres des plaines de la Moselle, de l'Alzette (*Alisontia*) et de l'Attert pour s'adonner à l'agriculture et à l'élevage, et le territoire se constelle de villages nouveaux dont les noms se terminent surtout par *-ingen*, *-heim*, *-weiler* et *-lar*.

Alors que les Francs Ripuaires se fixent dans nos régions, les Francs Saliens, sous les ordres de Chlodion, prennent Tournai et Cambrai et poussent jusqu'à la Somme. Le successeur de Chlodion, Childéric, fait de Tournai sa capitale ; il y meurt vers 482. Clovis lui succède. Ce dernier conquiert en une trentaine d'années (481-511) toute la Gaule, soumet ses adversaires – dont le comte Arbogast, Franc chrétien installé à Trèves –, réalise l'unité franque à son profit en soumettant les Alamans et en rejetant les Wisigoths au-delà des Pyrénées. Baptisé par saint Rémi à Reims (vers 496), appuyé par l'épiscopat de la Gaule, il se fixe à Paris et devient ainsi le fondateur de l'Empire franc. Après la mort de Clovis, en 511, l'expansion franque continue. La famille des Pippinides, après la victoire de Tertry en 687, assure l'unité de l'ensemble du royaume franc. Pépin de Herstal puis Charles Martel renforcent la frontière du Rhin, arrêtent les musulmans et consolident le royaume en intégrant la Bourgogne et l'Aquitaine.

Le cœur de cette puissance bat dans cette région baignée par le Rhin, la Meuse et la Moselle. Si les peuplades franques emmenèrent dans leurs bagages des parlers inconnus et de nouvelles structures sociales, ils compromirent aussi dangereusement les embryons de christianisme implantés dans nos régions. Celui-ci s'était propagé à partir de la ville de Trèves en avançant le long des voies romaines. L'organisation épiscopale remontait à la seconde moitié du IIIe siècle avec les noms d'Euchaire et de Maximin à Trèves et, au début du IVe siècle, Materne à Cologne. La christianisation des zones rurales se fit plus tardivement. Les populations rurales lui restèrent étrangères malgré la présence probable de quelques îlots épars dans les *vici* d'Arlon, de Bitburg, d'Altrier et de Dalheim, mais les campagnes n'étaient encore que peu christianisées au moment de la conquête franque. À la fin du Ve siècle, l'Église est coupée du pouvoir détenu par les nouveaux arrivants voués au culte d'Odin et peu enclins à l'exercice de la charité évangélique. Le baptême de Clovis rallia en théorie le peuple franc au christianisme, mais il est fort probable que le paganisme subsista largement dans les régions reculées et ne s'éteignit que par degrés au cours des deux siècles qui suivirent. La réorganisation de l'Église franque prit son essor sous l'autorité des Carolingiens et la reconnaissance officielle du christianisme favorisa l'évangélisation de nos contrées. La collaboration des missionnaires venus d'Aquitaine, d'Irlande et d'Angleterre sera déterminante pour la christianisation des populations. L'œuvre des missionnaires fut largement complétée par celle des monastères fondés au cours du VIIe et au début du VIIIe siècle : *Saint-Maximin de Trèves* par Dagobert Ier (633), *Stavelot-Malmédy* par saint Remacle (vers 650), *Andagium* par Bérégise (687), aumônier de Pépin II de Herstal. Andagium deviendra l'abbaye de *Saint-Hubert* quand on y transféra en 824 les ossements de l'évêque de Liège, Hubert, saint patron des Ardennes. Vers 690, saint Léodouin érige l'abbaye de *Mettlach* et en 722, Bertha, sœur de Charles Martel, fait ériger celle de *Prüm* avec l'aide de moines venus d'Echternach. Dans la partie germanique de nos régions, c'est l'œuvre du moine *Willibrord* qui sera prépondérante. Anglo-saxon originaire de Northumbrie, Willibrord naquit vers 657 et prononça ses vœux à l'abbaye bénédictine de Ripon. Vers 690, il débarque avec quelques compagnons au sud de la Frise. Promu évêque en 695 par le pape Sergius Ier, il établit, secondé par le maire du palais *Pépin II de Herstal*, son siège épiscopal à Utrecht. En 698, il vient à Trèves. *Irmine*, abbesse du monastère d'*Œren* près de Trèves, lui cède une terre à Echternach ainsi que ses possessions à Badelingen, Batzen, Osweiler et un vignoble situé à Vianden. Willibrord entreprend de nouvelles constructions sur les terres d'Echternach et fonde une abbaye destinée à la formation des moines selon la règle bénédictine. C'est dans sa fondation mosellane qu'il sera inhumé en 739 et fera ultérieurement figure de saint national. Echternach connut un développement extraordinaire et continuera, après la mort de son fondateur, à jouir de la protection des souverains. Son rayonnement spirituel et artistique en fera une des plus puissantes institutions monastiques en Occident. De ses écoles monacales sortiront des manuscrits, textes saints enluminés, dispersés progressivement à partir du XVIIIe siècle. On estime à plus de 7 000 in-folio le fond de la bibliothèque de l'abbaye d'Echternach au moment des troubles qui mirent fin à l'Ancien Régime. Les pillages perpétrés par les révolutionnaires français et la fuite des moines vers l'Allemagne emportant leurs précieux trésors qu'ils vendirent plus tard font que ces chefs-d'œuvre de l'art religieux médiéval sont aujourd'hui dispersés dans les bibliothèques européennes de Nuremberg, Brême, Trèves, Darmstadt, Hambourg, l'Escorial et Paris. Outre les brillants enlumineurs de son *scriptorium*, les moines d'Echternach comptèrent au sein de leur communauté des grands mystiques et des érudits comme l'abbé Thiofrid (1081-1110), biographe de saint Willibrord, et l'abbé Jean Bertels, considéré comme le premier historien national. Dans le folklore religieux, Echternach est resté le centre d'un pèlerinage en l'honneur de saint Willibrord et lieu d'une célèbre procession dansante attestée depuis le XVe siècle. Elle est encore célébrée chaque année, le mardi de Pentecôte, dans la liesse populaire.

L'Église, en opérant son redéploiement dans les territoires francs, occupa les anciennes circonscriptions administratives romaines. L'espace du futur territoire luxembourgeois fut rattaché à deux archevêchés : au sud, dans l'ancienne *Belgique première*, à l'archevêché de Trèves, et au nord, région anciennement intégrée à la province romaine de la *Germanie seconde*, à l'archevêché de Cologne. Succédant aux

Mérovingiens, les *maires* carolingiens étendront à leur tour leurs possessions dans l'espace luxembourgeois. Les Carolingiens séjournèrent fréquemment dans nos régions où ils possédaient la plupart de leurs domaines. Leur patrimoine foncier s'étendait dans le pays de Liège, le long de la Meuse, dans le sud de la Belgique (Longlier) et à Thionville où Charlemagne convoqua plusieurs *plaids généraux*. Du VIe au IXe siècle le pays se couvre de villas franques comprenant l'habitation du seigneur, des bâtiments agricoles, des champs, des forêts, le moulin, parfois une petite église. Les grands domaines se divisent en deux parties : l'une, la *réserve*, est occupée et exploitée par le seigneur et ses gens ; l'autre est partagée en *tenures* exploitées par des tenanciers libres ou serviles toujours redevables au seigneur. Les grandes villas furent souvent à l'origine de nos agglomérations rurales. Les bénéfices de l'exploitation des domaines royaux représentaient l'essentiel des ressources du roi. Les terres du fisc dans nos régions furent les domaines de *Mersch*, *Mamer*, *Remich*, *Mondorf* ; les domaines patrimoniaux que les Carolingiens possédaient à *Weimerskirch*, *Steinsel*, *Strassen* et *Clemency* seront offerts en 723 par Charles Martel, fils de Pépin de Herstal, à l'abbaye Saint-Maximin de Trèves. À la mort de Charlemagne, en 814, son fils Louis le Pieux hérite de l'empire dont il maintient difficilement l'unité. À sa mort, en 840, et au terme de luttes fratricides, ses trois fils, Lothaire, Louis et Charles, se partagent l'empire à Verdun en août 843. Les trois nouveaux royaumes continuent à subsister sous le nom de *Francia*, mais on les distingua sous le nom de *Francie orientale* (future Allemagne) attribuée à Louis le Germanique, la *Francie occidentale* (future France), lot de Charles le Chauve, et la *Francia media* qui revint, avec le titre impérial, à Lothaire. Cette dernière comprend le pays d'entre Meuse et Rhin avec les villes d'Aix-la-Chapelle, Trèves et Metz, et forme un couloir qui va de la Frise à l'Italie. En 855, Lothaire se retire au monastère de Prüm et partage ses États entre ses trois fils.

Louis II, empereur, prend l'Italie ; Charles, la Provence ; Lothaire II hérite du territoire compris entre la Meuse et le Rhin, ce qui de son nom fut appelé Lotharingie ou Lorraine. Aussitôt ce dernier État suscite la convoitise des deux oncles de Lothaire II. La rivalité de la France et de l'Allemagne est désormais déchaînée. Lothaire II meurt en 869 à Plaisance. En août 870, la Lotharingie est partagée par le traité de Meersen (localité près de Maastricht) entre Charles le Chauve et Louis le Germanique. Une part importante du diocèse de Trèves, dont la ville de Trèves, les abbayes d'Echternach et de Prüm, et la région de Metz reviennent à Louis. Le pays de la Woëvre, la vallée de l'Alzette et la région de Bastogne sont assignés à Charles. La ligne de démarcation traverse le territoire luxembourgeois, le long d'une ligne fluviale constituée par la Meuse, l'Ourthe, la Clerf, la Wiltz, la Sûre, l'Alzette et la Moselle. Si les conflits de succession vont précipiter le démantèlement du territoire lotharingien, une communauté culturelle va néanmoins subsister jusqu'au XIIe siècle dans le triangle Reims-Liège-Trèves. Le déclin de la période carolingienne, l'effondrement du pouvoir, les invasions normandes suivies des incursions hongroises furent les épiphénomènes qui engendrèrent au XIe siècle l'appropriation du principe de souveraineté par les aristocraties régionales et la constitution d'un ordre nouveau traditionnellement appelé *régime féodal*. C'est dans ce cadre institutionnel que l'espace luxembourgeois va connaître les aléas de ses premiers développements territoriaux.

CHAPITRE II

Du comté de Luxembourg au trône d'Allemagne : les vicissitudes des Luxembourg

Vers la fin du IXe siècle s'affirment des tendances séparatistes au sein des territoires unifiés autrefois sous la couronne carolingienne. Dans la partie occidentale du royaume franc, les Robertiens vont s'opposer aux Carolingiens. L'arrivée sur le trône franc, le 13 janvier 888, d'Eudes, comte de Paris et fils de Robert le Fort, met définitivement fin à l'ancienne unité. Le bref règne d'Eudes, le retour en 898 du carolingien Charles le Chauve et l'accès au trône du robertien Hugues Capet en 987 évincent définitivement les Carolingiens de la royauté franque. À l'est, la Francie orientale évolue progressivement vers le *regnum Germaniae* : la Lotharingie est rattachée à la Germanie par le traité de Ribémont (près de Verdun) en 880. Arnulf de Bavière, roi de Germanie, en fait donation à Zwentibold, son fils naturel devenu roi en 895. Celui-ci, incapable de régner, disparaît en 900 et cède la place au duc Regnier au Long Col qui s'arroge le titre ducal et le transmet à son fils Gislebert. Les velléités des grandes familles lotharingiennes, qui mènent avec succès une politique habile tantôt en faveur du roi de Germanie, tantôt en faveur du roi de France, n'empêchent pas Henri Ier, roi d'Allemagne, d'imposer son autorité en 925. Le futur espace luxembourgeois relèvera dorénavant de l'empire germanique.

Les débuts de la Maison d'Ardenne. – Si c'est au couple Cunégonde-Wigéric que les historiens rattachent les débuts de la première maison comtale luxembourgeoise, c'est néanmoins chose malaisée d'en préciser avec exactitude les origines. L'ascendance de Wigéric, comte d'Ardenne et du Trévirois, échappe aux médiévistes. On le rattache à une puissante famille implantée sur le cours moyen de la Moselle et son nom figure çà et là dans des chartes de la fin du IXe et du début du Xe siècle. Dès 899, il apparaît dans des diplômes en qualité de comte du Trévirois, mais il abandonne ses privilèges sur l'Église de Trèves au profit de bénéfices attachés au castrum d'Arlon. Il semble avoir été en possession de terres dans la région de Bitburg, dans la vallée de la Moselle moyenne, dans le *Gutland* (sud de l'actuel territoire grand-ducal), dans l'Eifel occidental, dans le pays mosan et des textes font allusion à la jouissance de l'abbaye de Hastière sur la Meuse. Veuf de sa première épouse Éva, il convole en secondes noces avec Cunégonde, descendante par sa mère Ermentrude en filiation directe de Louis le Bègue, fils de Charles le Chauve et, par là, de Charlemagne. De ce second lit sont issus : le comte Gozlin († 942) ; Adalbéron, évêque de Metz (929-962) ; Frédéric, comte du Barrois et duc de Haute-Lotharingie (959-978) ; Giselbert, comte d'Ardenne ; Sigebert († 942) ; Sigefroid, comte sur la Moselle moyenne († 998) ; Liutgarde, qui épousa en premier Adalbert de Metz († 944) et en second le comte Heberhard. Cunégonde aurait donc eu sept enfants. Furent-ils tous de Wigéric ? La question n'est pas résolue à ce jour et plusieurs thèses subsistent. Rien ne permet de préciser le rôle que Wigéric joua dans le gouvernement de la Lorraine en tant que comte palatin. Dès 919 on perd sa trace : il mourut probablement entre 916 et 919 et fut inhumé à l'abbaye d'Hastière. À la mort de son époux, Cunégonde épouse Ricuin, comte de Verdun, assassiné en 923. Il est possible qu'elle se mariât une troisième fois, mais rien ne le confirme.

Par son patrimoine et sa descendance, le couple Wigéric-Cunégonde va être à l'origine de la maison d'Ardenne.

Les trois grandes branches qui en sont issues – Ardenne-Verdun, Ardenne-Bar, Ardenne-Luxembourg – vont dominer la Lotharingie pendant un siècle et demi. Le clan d'Ardenne s'étend de Laon et Reims à Trèves et Cologne, de Metz et Verdun à Liège et Anvers. Ses descendants vont exercer la fonction ducale en Haute- (959-1046) et Basse-Lotharingie (1012-1100) ; l'évêché de Metz va être occupé par des membres du clan de 929 à 1072 ; de même les sièges épiscopaux de Laon (977-1031), Reims (969-989), Verdun (984-988) et Trèves (1004-1015). Les d'Ardenne étendront aussi leur renom hors de leurs frontières. Un des leurs, Frédéric, deviendra pape sous le nom d'Étienne IX (1057-1058) ; Ida de Boulogne et l'impératrice d'Allemagne Cunégonde (1002-1024) seront béatifiées ; Herman de Salm ceindra la couronne d'antiroi de Germanie de 1081 à 1088 ; deux d'entre eux furent ducs de Bavière ; Godefroid de Bouillon (1061-1099) atteindra la notoriété internationale en libérant Jérusalem en 1099 ; Sigefroid enfin, le fondateur de Luxembourg. L'origine de ce dernier reste empreinte d'un certain mystère. La longévité exceptionnelle de la vie de Sigefroid, fils supposé de Cunégonde et de Wigéric, a provoqué le scepticisme chez certains médiévistes. Né au plus tard en 918 et mort en 998, il aurait vécu quatre-vingts ans. Si la chose n'est pas impossible, certaines hypothèses suggèrent néanmoins l'existence d'un enfant issu d'un troisième mariage de Cunégonde ou l'insertion d'un chaînon supplémentaire entre Cunégonde et Sigefroid.

Au moment où Sigefroid apparaît dans le paysage lotharingien, le fils d'Henri l'Oiseleur, le Saxon Otton, projette de restaurer le pouvoir royal en Allemagne. Sacré et oint roi d'Allemagne en 938 à Aix-la-Chapelle, Otton Ier affirme son attachement à la tradition carolingienne et son union à l'Église. Brisant la résistance des princes intrigants, il reconstitue ainsi la centralisation carolingienne. L'autorité royale resta néanmoins fragile et se vit remise en question. En 939, le comte lorrain Giselbert, allié à l'évêque de Metz

Adalbéron, reprend l'agitation. Otton étouffe la rébellion par les armes, mais recourt aussi à la diplomatie. Il confie d'abord la Lorraine à un seigneur du pays, le comte de Verdun, qu'il remplace en 944 par son beau-fils Conrad le Roux, époux de sa fille Liutgarde. En 953, Otton impose son frère Brunon, archevêque de Cologne comme duc de Lotharingie. Depuis les recherches du début du XXe siècle, il est admis que Brunon, en homme politique averti et pris par les affaires de son frère, partagea en 959 le territoire en deux provinces : la Basse-Lotharingie (plus tard Lothier) au nord qui intègre les territoires compris entre la mer du Nord, l'Escaut et le Rhin, et renferme l'archevêché de Cologne et une partie de l'évêché de Liège ; la Haute-Lotharingie ou Mosellane, au sud, qui comprend la province ecclésiastique de Trèves et les évêchés de Metz, Toul et Verdun. La ligne de partage traverse le futur territoire luxembourgeois d'est en ouest : l'*Œsling*, territoire du Nord, relevant de Liège, et le *Gutland* (« Bon Pays ») au sud, confié par Brunon à Frédéric Ier, frère de Sigefroid, allié de Charles le Simple et comte palatin. Des thèses récentes situent la constitution du duché de Basse-Lotharingie plutôt vers la fin du Xe siècle, voire au milieu du XIe. Le débat reste ouvert.

Le choix que fait Otton Ier de confier à Frédéric la Haute-Lotharingie atteste le ralliement des fils de Wigéric à la dynastie saxonne. Alors que Wigéric était resté proche des Carolingiens de France, ses fils s'attacheront plutôt à la cause ottonienne ; ils prêteront foi et rendront hommage aux empereurs et assisteront à leurs diètes.

La tradition historique attribue à Sigefroid l'initiative de la fondation de Luxembourg. Les historiens nationaux n'hésitèrent pas à affirmer que l'action de Sigefroid se développa dans une vaste étendue de possessions, biens patrimoniaux et fiefs rattachés à son titre comtal. Des recherches plus récentes nuancent cette assertion. Tout en reconnaissant à Sigefroid la qualité de grand seigneur lorrain, les études contemporaines hésitent à attribuer sa puissance à l'étendue de ses possessions territoriales. De même, si sa qualité de comte n'est pas mise en doute, l'étendue de ses charges comtales demeure floue. En fait, la dispersion et la modicité de son patrimoine territorial incitent sans doute Sigefroid à mener une politique expansionniste. Dès 958, le comte lorrain tente d'étendre ses domaines et jette son dévolu sur les terres du comte Warner dans la région de Bodeux proche de l'abbaye bénédictine de Stavelot. L'abbé de Stavelot, Wérinfried, peu enclin à avoir pour voisin un seigneur si ambitieux, acquit lui-même le village de Bodeux en 959. Devant l'échec de sa tentative de s'étendre vers le pays mosan et peu enclin à se rapprocher des trop puissantes cités épiscopales de Trèves et de Metz qui barrent toute expansion sur la Moselle, Sigefroid se tourne vers un méandre de la vallée de l'Alzette.

La fondation de *Lucilinburhuc*. – La tradition historique affirme que Sigefroid, cherchant un solide point d'appui à mi-chemin entre ses possessions de la Moselle et de la Sûre, et celles de l'Ardenne et de l'Eifel, vit dans le lieu-dit *Lucilinburhuc* (« petit château ») un endroit propice à une installation durable. Si le site, concédé avec quelques villages environnants en 741 par Charles Martel aux moines de l'abbaye de Saint-Maximin, avait probablement été érigé sur les vestiges d'une ancienne fortification romaine, les fouilles les plus récentes ne permettent néanmoins pas d'attester qu'il y eut une occupation romaine continue allant du Bas-Empire jusqu'au xe siècle. Au xe siècle, l'abbaye tréviroise connut quelques revers de fortune et perdit sa prépondérance sur son domaine de l'Alzette. Il est possible que Sigefroid, dont le clan familial était déjà implanté dans la région, ait connu les avantages du site. Vers le milieu du xe siècle, en l'abbaye Saint-Maximin de Trèves, le comte Sigefroid obtint, en contrepartie d'un lopin de terre qu'il possédait à Feulen en Ardenne, un promontoire rocheux et ses abords immédiats, en fait un méandre de la vallée de l'Alzette, certainement déjà peuplé, et des droits d'usage sur la rivière. Les historiens anciens, se référant à l'acte écrit, datent l'échange du jour des Rameaux 963. Une contradiction dans la datation de l'acte incita les chercheurs contemporains à en réévaluer la date : s'il est probable que l'échange s'est bien réalisé en 963, le document y relatif ne fut sans doute rédigé qu'en 987.

Au stade actuel de la recherche, le débat sur la date des origines de la fondation de Luxembourg est appelé à se poursuivre. Si les étendues concédées sont minimes – quelques arpents de terre et un éperon le long de l'Alzette en contrepartie d'une terre d'un manse et demi –, la transaction dut pourtant revêtir une certaine importance. Ne trouve-t-on pas parmi les signataires de l'acte le sceau de Brunon, archevêque de Cologne et frère de Otton Ier, celui d'Henri, archevêque de Trèves et celui de Frédéric Ier, duc de Haute-Lotharingie, frère de Sigefroid ? Les connaissances que nous avons sur l'occupation du territoire urbain de Luxembourg durant le haut Moyen Âge et sur la naissance de la ville demeurent encore floues. Dès qu'il fut en possession de son éperon rocheux, Sigefroid fit-il construire un *castrum* ou restaura-t-il l'éventuel refuge qu'il trouva sur place ? Les médiévistes hésitent encore à ce jour à tirer des conclusions définitives. Ce qui est plus certain, c'est que Sigefroid créa un noyau *préurbain* autour d'un château, le *castellum Lucilinburhuc*, et étendit petit à petit son domaine vers l'ouest, tout en veillant à ne pas empiéter sur les terres de l'abbaye de Trèves, ni sur celles de l'empereur Otton. L'acquisition du *burg* n'aurait pu se faire sans l'aide et la bienveillance de l'empereur d'Allemagne. Sigefroid restera un fidèle serviteur de la dynastie germanique : à la mort d'Otton II († 983), on le verra lutter aux côtés de l'impératrice régente Théophano contre les ambitions de Lothaire de France et assiéger la place de Verdun. Fait prisonnier, il sera libéré en 985. Cette intervention dans les affaires lorraines sera le dernier épisode connu de la vie du comte. Mort probablement vers 998 – certains historiens préfèrent retenir la date de 987 –, il fut inhumé en l'église abbatiale de Saint-Maximin de Trèves. Malgré les grandes zones d'ombre qui planent sur son existence mouvementée, il reste inscrit dans la mémoire collective des Luxembourgeois pour être le fondateur de Luxembourg. En rassemblant ses terres éparses autour de son *castrum* – le mot *castrum* apparaît en 987 lors de la consécration de l'église castrale – et en menant une politique territoriale habile et durable, Sigefroid assura inconsciemment les fondements d'un territoire nouveau générateur d'une nationalité nouvelle.

La Maison d'Ardenne-Luxembourg (963-1136). – À la suite de Sigefroid, sept descendants mâles – fils, frères ou bien neveux – vont se succéder sur le siège des Luxembourg. D'abord son fils aîné, Henri, qui succède à son père vers 998. Mentionné pour la première fois en 964, Henri de Luxembourg sera proche des empereurs allemands Otton III et Henri II dit *le Saint* qui fait d'Henri le duc de Bavière, haussant ainsi le comte luxembourgeois au rang de Prince d'Empire. Enhardis par les liens familiaux qui les unissaient à l'empereur d'Allemagne – Henri de Bavière avait épousé leur sœur Cunégonde avant de devenir empereur en 1002 –, Thierry et Adalbéron poussèrent leur avantage en usurpant les sièges épiscopaux de Metz et de Trèves (1008). Peu enclin à tolérer les visées ambitieuses des Luxembourg qui allaient à l'encontre de sa propre politique, Henri II mata par la force ses beaux-frères en 1015 et confia l'archevêché de Trèves au prélat Poppon. Henri de Luxembourg meurt sans descendance en 1026, ses deux fils ayant probablement été tués dans des guerres contre les Hongrois. À sa mort, le territoire passe à son neveu Henri II, fils de son frère Frédéric d'Ardenne († 1019). Allié à Conrad II *le Salique*, Henri II soutint son suzerain dans ses campagnes contre les Hongrois et reçut une seconde fois le duché de Bavière en 1042 des mains d'Henri III *le Noir*, successeur de Conrad II. Henri décède sans descendance en 1047 et c'est son frère Giselbert, comte de Salm, qui lui succède. Giselbert († 1059), tout autant que son fils et successeur Conrad Ier, s'approprieront les biens des abbayes d'Echternach et Stavelot. Conrad Ier s'appropriera en autre des terres du côté de Trèves et ira jusqu'à faire prisonnier l'archevêque. Tout comme ses prédécesseurs, Conrad Ier s'affirmera l'allié fidèle de l'empereur Henri IV en lutte contre la papauté lors de la *Querelle des Investitures*. Alors même que les princes allemands élirent Hermann, comte de Salm et frère de Conrad Ier, antiroi en lieu et place de Rodolphe de Souabe († 1080, bataille de l'Elster), Conrad Ier resta fidèle à Henri IV. À la fin de sa vie, en 1083, Conrad Ier fit ériger le long de l'Alzette une église dédiée à saint Pierre, noyau de la future abbaye bénédictine de Notre-Dame, qu'il fonda en tant que *comte de Luxembourg*. Il entreprit ensuite un pèlerinage expiatoire en Terre sainte et mourut à Milan, en 1086, au cours de son voyage de retour. Si son fils et successeur Henri III (1086-† 1096) nous est peu connu, nous sommes mieux renseignés sur le règne de son autre fils Guillaume (1096-† 1130). Ce dernier, en renforçant les relations avec les empereurs allemands et en faisant alliance avec Egilbert, archevêque de Trèves, assura la paix pendant un quart de siècle. La lignée masculine de Sigefroid s'éteignit avec Conrad II, fils de Guillaume. Son mariage avec Gisèle de Lorraine resta infécond et sa mort, survenue en 1136, ouvrit la succession du comté de Luxembourg.

S'il est vrai que le cheminement des comtes de Luxembourg reste enfoui dans les brumes de l'histoire, on peut malgré tout distinguer quelques constantes dans leur action politique. Ils furent, pour la plupart, fidèles à leurs suzerains allemands. Pour étendre leur domaine, des appuis étaient nécessaires et celui de l'empereur d'Allemagne était primordial. Peu économes en chevauchées et en expéditions militaires, ils ne ménagèrent pas leurs efforts pour accroître leur patrimoine. Alors qu'ils échouèrent dans leur tentative d'expansion vers le territoire convoité de Trèves, ils s'étendirent avec succès vers la ville de Thionville et vers le comté de Salm. À chaque occasion, les comtes élargirent leur domaine en s'emparant sans scrupule de terres d'Église arrachées aux abbayes d'Echternach, de Saint-Maximin de Trèves et de Stavelot. Malgré les acquisitions multiples, on ne peut néanmoins pas voir dans le comté luxembourgeois du XIIe siècle une solide principauté territoriale : le domaine reste disparate et, s'il est probable qu'il existait au moins un embryon d'administration, nous ne sommes pas renseignés sur les rapports de droit qui régissaient les relations entre les seigneurs et leurs administrés.

La Maison de Luxembourg-Namur (1136-1247). – Au décès sans descendance du comte Conrad II († 1136), ce sont les règles de la féodalité qui vont s'imposer. Le comté de Luxembourg ainsi que les avoueries d'Echternach et de Saint-Maximin doivent, en tant que fiefs d'empire, retourner à l'empereur Lothaire II (1075-1137). Son successeur, Conrad III (1093-1152), investit comte de Luxembourg Henri de Namur, surnommé l'Aveugle, et cousin germain du comte défunt. C'est sous le nom d'Henri IV que le fils de Godefroid de Namur et d'Ermesinde, fille du comte de Luxembourg Conrad Ier et comtesse de Longwy, devint comte de Luxembourg à 23 ans. Trois ans plus tard, ses parents entrent en religion et lui cèdent les comtés de Namur et de Longwy. De plus, faute de descendance directe, le comté de Durbuy (1147) puis celui de Laroche – auquel avait été attachée l'avouerie de Stavelot-Malmédy (1152) – lui échoient à leur tour. Ainsi, dès le XIIe siècle, le Luxembourg opère une percée dans le monde roman et s'ouvre largement à l'influence française. Il devient une principauté bilingue comportant à côté de son *quartier* allemand un *quartier* français.

Devenu le prince le plus puissant de la région Meuse-Moselle, l'impétueux Henri IV va engager une politique territoriale malheureuse. En tentant de poursuivre une expansion territoriale vers l'est, il s'affrontera une fois de plus, et sans succès, à l'archevêque de Trèves, Adalbéron de Montreuil. Ce dernier, par décision impériale, obtint d'incorporer l'abbaye de Saint-Maximin dans sa principauté (1139). Peu enclin à accepter cet état de fait, le comte Henri envahit le pays trévirois, mais subit une cuisante défaite en 1143. Par cette défaite, il est rejeté de la Moselle moyenne et les comtes de Luxembourg sont évincés du territoire de la principauté. Henri tentera, sans plus de succès, des incursions militaires sur le territoire de l'évêque de Liège qui le déboute définitivement à Andenne (entre Huy et Namur) en 1151. À ces déboires s'ajoute le bilan funeste de sa politique matrimoniale. Malgré deux mariages, Henri est sans descendance. Par un acte passé à Heppignies en 1163, il promet à sa sœur Alice, à l'époux de celle-ci, Baudouin IV comte de Hainaut, et à leur fils, le futur Baudouin V, comte de Hainaut et de Flandre, l'héritage de tous ses biens allodiaux dans les comtés de Namur, Laroche, Luxembourg et Durbuy. Décidé à ne plus se marier, Henri contracte néanmoins en 1168 un troisième mariage avec Agnès de Gueldre dont il se sépare quatre ans plus tard. Pendant vingt ans, Henri et son neveu vivront en bonne entente. Dans l'hiver 1183, Henri tombe malade et renouvelle sa promesse d'héritage à l'égard de Baudouin V ; il y inclut ses fiefs par un acte signé à Gerpinnes le 1er avril 1184. La décision finale en matière de succession indirecte aux fiefs relevant toujours de l'empereur, Frédéric Ier Barberousse (1122-1190) donna son accord lors de la diète de Mayence à la Pentecôte de 1184. Mais, craignant une alliance entre Baudouin V et le roi de France Philippe-Auguste, gendre de Baudouin, Frédéric Ier Barberousse promit à ce dernier d'ériger à la mort d'Henri IV l'Aveugle le *Marquisat de Namur*, nouvelle principauté qui réunirait en un seul bloc territorial les comtés de Namur, la Roche, Durbuy et Luxembourg. Un tel projet faisait disparaître le Luxembourg de la carte politique mais élevait Baudouin V au rang de prince d'empire. Inquiets devant la puissance grandissante de ce voisin ambitieux, Philippe de Heinsberg, archevêque de Cologne, Philippe d'Alsace, comte de Flandre, et Godefroid II, duc de Brabant, envahissent le Hainaut. L'invasion fut un échec, mais les alliés, changeant de stratégie, parvinrent à persuader le vieux comte Henri de reprendre son épouse. Après quatorze ans de séparation, Agnès rejoint son époux en automne 1185 et donne naissance, en juillet 1186, à une petite Ermesinde. Henri a 72 ans et le problème de la succession se trouve de nouveau posé. En dépit de tous ses engagements antérieurs, Henri s'empresse de promettre sa fille en mariage (Pâques 1187) au puissant comte Henri II de Champagne, cousin germain du roi de France Philippe Auguste. L'alliance avec un grand feudataire français ne peut que déplaire à Frédéric Barberousse qui tranche contre Henri l'Aveugle et décide de céder à Baudouin le marquisat de Namur, en y incluant Durbuy et Laroche, se réservant le comté de Luxembourg comme terre d'empire.

À l'automne 1189, Henri de Champagne, peu empressé d'épouser une héritière dont la succession s'est considérablement réduite, part pour l'Orient. Il y épousera, en 1192, Isabelle, fille d'Amaury Ier, roi de Jérusalem. En 1196, âgé de 82 ans, le comte Henri IV s'éteint à Echternach sans avoir trouvé d'époux possible pour sa fille. À la mort de son père, l'héritage d'Ermesinde est perdu : le marquisat de Namur est entre les mains de Philippe le Noble, fils cadet de Baudouin V, et le comté de Luxembourg, fief tombé en déshérence, est remis à l'empereur d'Allemagne. En 1197, Philippe de Souabe, régent d'Allemagne depuis le départ de son frère Henri VI pour l'Italie en 1196, remet le comté de Luxembourg à Otton, comte palatin de Bourgogne et frère cadet de l'empereur, en y incluant les comtés de Durbuy et de Laroche. D'après le médiéviste Michel Parisse, Otton jugea bon, malgré la réprobation de son frère Henri VI, d'inféoder à son vassal Thiébaut de Bar, fils du comte de Bar et d'Agnès de Champagne, le comté de Luxembourg et ses avoueries. Prompt à saisir l'aubaine, Thiébaut s'empressa de répudier sa seconde épouse Ermesinde de Trainel, pour épouser l'héritière du Luxembourg. Dès septembre 1197, il entreprit de rentrer en possession du comté luxembourgeois.

Ermesinde, « ***fondatrice*** **» du Pays de Luxembourg (1186-1247).** – Au lendemain de son mariage avec Ermesinde, vers le milieu de 1198, Thiébaut, comte de Bar et de Luxembourg, profitant des querelles de succession provoquées par la mort de l'empereur Henri VI, s'empressa de négocier avec Otton le rachat de ses droits sur le Luxembourg, Laroche et Durbuy. La mort du comte survenue le 11 février 1214 mit fin à l'union entre le Luxembourg et le Barrois. Le comté de Bar passa au fils de Thiébaut, fils issu de son premier mariage. Jeune veuve de 28 ans, avec une fille survivante de son mariage, Ermesinde ne pouvait rester seule. Trois mois après le décès de Thiébaut, elle épousa, en mai 1214, Waléran, fils du duc de Limbourg et marquis d'Arlon. Celui-ci apporta à son épouse le marquisat d'Arlon.

L'intérêt de cette dot fut considérable. Grâce à cet apport, le territoire luxembourgeois va s'étendre en un bloc compact de la Moselle à l'Ourthe. Dans le contrat de mariage de 1214, Waléran s'engageait à maintenir les seigneurs, les chevaliers et les bourgeois du comté de Luxembourg dans leurs anciens droits. De plus, le comte admit l'existence d'une institution nouvelle, un *Conseil de dix vassaux* de Luxembourg, Laroche et Durbuy, formé de dix représentants de la noblesse qui se portaient garants des libertés du pays. L'union d'Ermesinde et de Waléran sembla heureuse et donna au moins trois enfants. Catherine, l'aînée, fut mariée en septembre 1225 au duc Mathieu II de Lorraine. Henri le Blondel, futur Henri V de Luxembourg, et son frère cadet Gérard, futur sire de Durbuy, naquirent tous deux avant le mois de novembre 1223, sans que l'on en sache davantage. En avril 1240, Henri le Blondel épousa Marguerite de Bar. À la mort de Waléran en 1226, Ermesinde prit sa succession à titre personnel et s'investit comtesse de Luxembourg et marquise d'Arlon. Dès ce moment, elle exerça personnellement le pouvoir comtal jusqu'à son décès en 1247. Les vingt années de son règne furent pour le Luxembourg une période de paix et de consolidation intérieure. La tradition populaire, prompte à glorifier le rôle exceptionnel joué par une femme dans un monde dominé par des hommes, fit d'Ermesinde une princesse « luxembourgeoise », pieuse, démocrate et pacifique ; considérée comme fondatrice du pays de Luxembourg, on la tint en quasi-odeur de sainteté. Ce *halo de légende* résiste-t-il aux résultats des recherches récentes ? Les travaux du médiéviste luxembourgeois Michel Margue rendent attentif au fait que la comtesse « luxembourgeoise » ne se rattacha à la dynastie des Luxembourg que par sa grand-mère paternelle ; la lignée paternelle en faisait un rejeton de la famille des comtes de Namur. Pourtant, bien que la coutume dénommât un enfant d'après la lignée de son père, elle ne se verra jamais autrement que comtesse de Luxembourg et ses époux ne la perçurent pas autrement. D'autre part, il faut bien admettre que ce n'est pas Ermesinde qui a assuré la récupération de l'héritage paternel, mais bien la politique territoriale menée par ses deux époux, Thiébaut de Bar et Waléran de Limbourg. Le premier parvint par ses efforts diplomatiques et militaires à reconstituer l'ensemble territorial constitué des comtés de Luxembourg, Laroche et Durbuy ; le second, aidé en cela par l'habileté de son père Henri de Limbourg, apporta dans la corbeille de noces le marquisat d'Arlon.

Si Ermesinde ne joua qu'un rôle modeste dans la reconstitution de son héritage, il est probable qu'elle fut plus largement associée aux décisions et aux actes politiques de ses deux époux. À la mort de son second mari en 1226, la comtesse ne se remaria plus. Elle s'adjoignit jusqu'en 1235 son gendre et beau-fils, Waléran de Montjoie, puis, dès sa majorité, son fils Henri V. Si Waléran d'abord, Henri ensuite prirent à leur compte l'*auxilium* – obligation militaire du vassal à l'égard de son seigneur –, Ermesinde remplira elle-même l'autre obligation du contrat vassalique, le *consilium* – à savoir, assurer sa présence à la diète impériale. Jusqu'à sa mort, Ermesinde assura la direction de son pays : elle reçut les hommages, arrangea les contrats de mariage, assura la protection des monastères, défendit ses droits et mena une politique d'affranchissement en octroyant des lettres de franchise à Echternach (1236), à Thionville (1239) et à Luxembourg (1244). Sous son règne, une série de maisons religieuses furent fondées dans le comté dont le couvent de Marienthal près de Mersch, un couvent de Pénitentes sur le plateau du Saint-Esprit à Luxembourg, une maison de Cisterciennes à Bonnevoie, des Chanoines réguliers de Saint-Augustin à Houffalize, un hôpital de Trinitaires à Bastogne et une fondation de femmes à Clairefontaine-lez-Arlon, ultérieurement incorporée à l'Ordre de Cîteaux. C'est dans cette dernière abbaye qu'à la mort de la comtesse, survenue en février 1247, son fils Henri V le Blondel veilla à lui assurer une sépulture.

La Maison de Luxembourg-Limbourg (1247-1437). L'héritage de la comtesse Ermesinde alla à ses enfants : Gérard, le cadet, devint seigneur de Durbuy ; Catherine, épouse du duc de Lorraine, obtint Thionville ; Élisabeth-Isabelle, épouse de Waléran de Montjoie, reçut des droits sur l'ancien comté de Namur et Marville-Arrancy. Quant à Henri dit *le Blondel*, le fils aîné, il succéda à sa mère dans les comtés de Luxembourg, Arlon et Laroche. On parla dès lors de la maison de Luxembourg-Limbourg, puisque Henri V était fils de Waléran de Limbourg. Cette dynastie compta huit souverains : Henri V le Blondel, Henri VI, Henri VII, Jean l'Aveugle, Charles IV, Wencelsas Ier, Wenceslas II et Sigismond.

Henri V, dit le Blondel (1247-1281), moins prudent et plus impétueux que sa mère, mena une politique expansionniste dont les résultats ne furent pas toujours des plus heureux. En 1240, il avait épousé Marguerite de Bar. Aux environs de 1260, il entre en conflit avec son beau-frère, le comte Thibaut II de Bar. L'objet du litige fut le statut de la terre de Ligny, qu'Henri V avait reçue du comte de Champagne et roi de Navarre, Thibaut IV. Peu enclin à céder une terre qu'il tenait pour fief, Thibaut de Bar s'empressa de reprendre Ligny. Rapidement, la guerre éclata entre les beaux-frères. Défait à Prény, Henri V est capturé, mais ses fils Henri et Waléran étendent le conflit en Moselle supérieure, Orne, Semois et Chiers. L'intervention du pape Clément IV auprès du roi de France (1266) et le paiement d'une forte rançon (1267) permirent la libération du comte luxembourgeois. Grâce à l'arbitrage de Louis IX qui convoqua les belligérants à Reims, la terre de Ligny revint à Henri V qui la céda à son fils Waléran en 1274. Waléran de Luxembourg-Ligny devint ainsi le fondateur de la branche française des Luxembourg qui se distingua dans les grandes heures de l'histoire de France jusqu'à l'extinction de la lignée en 1878. D'autre part, Henri V se laissa entraîner dans le conflit qui sépara Jean d'Avesnes et son frère Guy de Dampierre : tous deux se disputaient l'héritage de leur mère Marguerite, comtesse de Flandre et de Hainaut. Dans le fol espoir de récupérer le Namurois, terre natale de sa mère, Henri s'allie à Jean d'Avesnes qui obtient le marquisat de Namur des mains de Guillaume d'Allemagne (1249). En 1256, Jean doit abandonner ses droits sur le Namurois, mais Henri parvient à occuper Namur jusqu'en 1265. Néanmoins, il se voit contraint de donner le Namurois en dot à sa fille Isabelle qui épouse Guy de Dampierre ; la sœur d'Isabelle épousera le second fils de Guy de Dampierre et son frère, le futur Henri VI, épousera Béatrice, fille de Baudouin d'Avesnes, frère de Jean. Ainsi, malgré l'échec encouru par la perte du comté de Bar, de la terre de Ligny et du Namurois, Henri parvint à renforcer la dynastie en assurant de bons mariages à ses enfants et réussit même à étendre l'autorité comtale. Il amena de nombreux seigneurs de l'Eifel à lui rendre hommage, obtint des droits sur la seigneurie de Saint-Vith (1254), se fit reconnaître seigneur de Vianden (1264), obtint de Joffroy, seigneur d'Esch-sur-Sûre, une partie de Diekirch (1266), s'étendit au sud vers Marville (1270) et enfin acquit la prévôté d'Aywaille (1270) aux portes de Liège. En 1270, Henri se croise et accompagne Saint Louis à Tunis, part en Palestine puis revient à Luxembourg. Il meurt en 1281 et est inhumé à l'abbaye de Clairefontaine, aux côtés de sa mère et de son épouse. Ermesinde et son fils auront su, avec leur tempérament respectif, élaborer un vaste territoire qui s'étendit, à la mort d'Henri V, de la Moselle à la Meuse.

Henri VI (1281-1288) succéda à son père Henri le Blondel. D'un tempérament fort proche de celui d'Henri l'Aveugle, il reprit la lutte contre Trèves vers 1286. Solidement implanté dans la ville de Grevenmacher, affranchie par le Blondel en 1252, il prétendit contrôler le trafic fluvial sur la Moselle et profiter ainsi de la prospérité tréviroise. L'archevêque de Trèves, prétextant que le comte luxembourgeois portait ombrage à des biens d'Église, s'empressa de l'excommunier. Par ailleurs, son règne sera assombri par la *guerre de succession de Limbourg* (1281-1288). À la mort d'Ermengarde († 1283), fille unique de Waléran IV, deux prétendants se disputent la succession du duché de Limbourg. Incapables de s'imposer, Adolphe de Berg, cousin germain d'Ermengarde, le donne à Jean Ier, duc de Brabant, et Renaud de Gueldre, époux de la duchesse, le cède à Henri VI, comte de Luxembourg. Peu enclins à capituler, les prétendants, Brabant et Luxembourg, vont rallier chacun leurs alliés et livrer bataille, le 5 juin 1288, à Worringen, non loin de Cologne. Henri VI y subit une cuisante défaite et succomba, les armes à la main, aux côtés de trois de ses frères, Waléran de Ligny, Henri de Houffalize et Baudouin. Si le comte défunt sortit grandi par cette mort glorieuse, le comté de Luxembourg se trouva dangereusement affaibli : le Limbourg lui échappa et passa au duc de Brabant ; la chevalerie luxembourgeoise fut décimée et le poids des dettes obligea Béatrice d'Avesnes, veuve d'Henri VI et régente du comté, à lever de nouveaux impôts. Affaibli par la défaite contre le duc de Brabant et menacé de plus par des émeutes de bourgeois, le comté de Luxembourg se trouvait dans une situation périlleuse.

L'ivresse de la « *grande politique* ». La Bohême et l'Empire. – On peut affirmer sans trop se tromper que les comtes de Luxembourg furent des princes ambitieux. À l'étroit dans les limites d'un territoire enclavé, le clan familial tenta plus d'une fois d'étendre son influence dans ce que l'historien luxembourgeois Gilbert Trausch a appelé la *grande politique*. S'ils échouèrent dans leur tentative de s'approprier la Bavière (1047), le Limbourg (1288) et le Brabant (1355), la fortune leur sourira quand les hasards de la destinée leur donneront l'opportunité d'accéder au trône d'Allemagne. À la mort d'Henri VI, son fils *Henri VII* (1288-1313) a 13 ans. Sa mère, Béatrice d'Avesnes, assure la régence jusqu'en 1292, date à laquelle Henri VII épouse à Tervueren, près de Bruxelles, Marguerite de Brabant, fille du duc Jean Ier de Brabant – le vainqueur de Worringen – et de Marguerite de Flandre. Cette alliance réconcilie les deux maisons. La même année, Béatrice cède le pouvoir à son fils et prend l'habit des Dominicaines en leur couvent de Valenciennes. L'avenir du comté repose désormais dans les mains du jeune Henri. Le portrait que font de lui les chroniqueurs de l'époque nous le présente comme un chevalier accompli, mais aussi comme un prince averti et instruit. Né d'une mère française, élevé à la cour de la reine de France, il s'exprimait couramment en français, mais connaissait aussi l'allemand et le latin. Administrateur éclairé, il contribua largement à répandre l'instruction et favorisa la rénovation religieuse. Attentif à maintenir la paix entre les seigneurs, il privilégia, à l'instar de Saint Louis, un climat de justice dans le comté. Dès le début de son règne, le comte luxembourgeois a des démêlés avec Trèves. Cette fois, les raisons ne sont pas annexionnistes mais portent sur les rivalités commerciales entre Luxembourg et Trèves. À la suite d'une campagne marquée de pillages et d'exactions, les bourgeois trévirois finissent par céder et signent, en 1302, un accord de paix avec le comte luxembourgeois. En 1307, Henri réussit à faire élire archevêque de Trèves son frère Baudouin († 1354). L'accès d'un Luxembourg au siège épiscopal trévirois assura pour le futur la bonne entente avec Trèves. Le 1er mai 1308, l'assassinat du roi des Romains, Albert d'Autriche, ouvrit la succession du trône d'Allemagne. Quelques jours plus tard, les princes électeurs se réunirent pour élire leur nouveau souverain. Henri VII est du nombre. Peu enclins à choisir un prince trop puissant, les électeurs ne retinrent ni la candidature d'un Habsbourg ni celle de Charles de Valois, frère de Philippe le Bel dont le comte de Luxembourg était vassal. Le choix finit par se porter sur Henri VII ; ce dernier dut surtout son élection au soutien de son frère Baudouin, archevêque de Trèves, et de Pierre d'Aspelt, archevêque de Mayence, originaire de Luxembourg, mais aussi à l'appui secret de Clément V. Le 25 novembre 1308, il est élu roi des Romains à Francfort. Le couronnement eut lieu à Aix-la-Chapelle, le 6 janvier 1309. L'avènement d'un comte de Luxembourg au trône impérial aura d'importantes conséquences. Par cette élection, la maison de Luxembourg réalisait enfin son ambition d'entrer dans le concert des grands États occidentaux pour y jouer un premier rôle. Pour renforcer sa position, Henri se vit obligé d'augmenter son assise territoriale. C'est de nouveau à la suite d'un assassinat que la destinée lui offre cette occasion. À la suite du meurtre de Wenceslas III († 1306), roi de Bohême, le royaume de Bohême est en pleine anarchie. Pierre d'Aspelt, clerc d'origine luxembourgeois et ancien chancelier de Wenceslas II, incita les représentants de Bohême à offrir la couronne au comte luxembourgeois pour son fils Jean. Ceux-ci acceptèrent à condition que ce dernier épousât Élisabeth, sœur cadette de Wenceslas III. Le mariage fut célébré à Spire, le 1er septembre 1310 : Jean n'avait pas 14 ans et son épouse avoisinait les 17. Par cette extension vers l'Europe centrale, le comté de Luxembourg occupait désormais une position excentrique par rapport au nouveau centre de gravité de ses souverains. Dès ce moment, Henri VII se détacha du territoire natal, transféra le gouvernement de son comté à son fils Jean, le futur *Jean l'Aveugle*, et entreprit le voyage en Italie pour se faire couronner à Rome. L'expédition fut un échec. Accompagné de son épouse, de ses frères Waléran et Baudouin de Trèves, d'un certain nombre de chevaliers luxembourgeois et d'une troupe d'environ 5 000 hommes, Henri VII arriva en Italie en 1310. Après avoir ceint la couronne de fer des rois lombards à Milan, il dut écraser une insurrection des Milanais. En route vers le sud, Henri perdit son frère Waléran lors du siège de Brescia, la ville de Crémone lui résista et son épouse, Marguerite de Brabant, lui fut enlevée par une épidémie. Obligé de contourner les villes toscanes soulevées, il arriva enfin à Rome où il se fit couronner à Saint-Jean-de-Latran par les délégués de Clément V. Remontant vers le nord, alors qu'il se préparait à engager la lutte contre le roi de Naples et à assiéger Florence, il fut emporté, le 24 août 1313, à Buonconvento, au sud de Sienne, par une crise de malaria. Inhumé dans la cathédrale de Pise, le comte luxembourgeois devenu empereur d'Allemagne laissa sur la terre italienne ses rêves de monarchie universelle et ses illusions de restaurer la splendeur de l'ancien « *Empire romain de la Nation germanique* ».

À la mort d'Henri VII, les électeurs allemands écartèrent son fils *Jean* (1296-1346) de la succession à la couronne impériale. Certains considéraient qu'il était trop jeune, d'autres, qu'il était trop puissant. Les électeurs lui préférèrent par quatre voix Louis de Bavière qu'ils choisirent contre trois voix pour Frédéric le Beau, duc d'Autriche, rival de la maison de Luxembourg. Cette double élection (1314) déchaîne en Allemagne la guerre civile que termina la bataille de Mühldorf (1322) où Louis remporta la victoire avec l'appui de la maison de Luxembourg. Devenu roi des Romains (1328), Louis de Bavière inaugura une politique personnelle et s'empressa de s'affranchir des engagements contractés à l'égard des Luxembourg. Il installa son fils dans le Brandebourg qu'il avait promis à Jean, força ce dernier à renoncer à la Lombardie, concéda la Carinthie aux Habsbourg bien que cette terre revenait au fils de Jean, Jean-Henri, époux de la fille d'Henri de Carinthie, et enfin fit annuler le mariage entre Jean-Henri et Marguerite et obligea cette dernière d'épouser son propre fils. De tempérament autoritaire et tyrannique, Louis de Bavière s'aliéna le parti pontifical allemand, auquel s'étaient ralliés Jean et Baudouin, et, rejeté par ses propres partisans, il fut destitué par le pape. Jean finit par faire élire roi des Romains, en 1346, son fils Charles IV, qu'il avait eu de son mariage avec Élisabeth de Bohême. Pour sa part, Jean *l'Aveugle* (il perdit la vue vers 41 ans), comte de Luxembourg et roi de Bohême, passa sa vie à la poursuite d'un rêve de grandeur. Figure des plus populaires de l'histoire luxembourgeoise, considéré comme le type même du chevalier du Moyen Âge, il chemina tout au long de son règne. Tantôt violent et tantôt magnanime, qualifié de « faux-monnayeur », dépensier et endetté, chevauchant par monts et par vaux, guerroyant sur tous les champs de bataille de l'Europe, ce prince itinérant s'attacha néanmoins à consolider son pouvoir dans son pays natal. Il s'allia les seigneurs locaux et étendit le territoire du duché soit en recevant des terres des seigneurs voisins (Falkenstein, Wiltz, Reuland), soit en intégrant des terres (ainsi celles du domaine de Damvillers au détriment de l'abbaye de Mettlach), soit encore en en rachetant d'autres (Bastogne, Ivoix, Virton, Laferté...). Toutes ces acquisitions élargirent le territoire et renforcèrent le comté. De plus, il fortifia les localités de Diekirch, Dudeldorf et Bitbourg.

La constitution de ce vaste système défensif lui permit de contrôler les routes de l'Eifel (Reuland et Falkenstein), les abords du Namurois et du pays liégeois par la forteresse de Bastogne ; le sud du Luxembourg fut protégé par les places de Damvillers et Laferté. C'est sous son règne que furent entrepris les travaux de la troisième enceinte de la ville de Luxembourg. Cette volonté d'assurer la paix sur le territoire assura la sécurité des marchands qui affluèrent vers Luxembourg, d'autant plus que le comte Jean, sensible au développement du commerce, supprima les taxes sur le trafic des marchandises et conclut une entente commerciale avec le Brabant (1328). Le 20 octobre 1340, il institua la grande foire annuelle connue de nos jours encore sous le nom de *Schobermesse*. Proche de la maison de France, il épousa en secondes noces l'arrière-petite-fille de Saint Louis, Béatrice de Bourbon. De cette union naquit un fils unique, Wenceslas. Quand, en 1346, lors de la guerre de Cent Ans, Édouard III d'Angleterre envahit la France, Jean l'Aveugle, comte de Luxembourg et roi de Bohême, se porta fidèlement au secours du roi de France Philippe VI avec 500 chevaliers luxembourgeois et bohémiens. Le 26 août 1346, à la bataille de Crécy, un coup mortel mit fin à la destinée de l'intrépide chevalier. Attaché à sa terre natale, il se fit enterrer à l'abbaye de Munster à Luxembourg. Après nombre de péripéties, les restes du légendaire seigneur luxembourgeois furent déposés en 1946 dans la crypte de la cathédrale Notre-Dame de Luxembourg où ils reposent depuis.

Lors de son mariage avec Béatrice, Jean avait attribué la succession luxembourgeoise à la descendance de sa seconde épouse. Quand son père tombe à Crécy, Wenceslas a 9 ans. De 1346 à 1353, *Charles IV* administre le pays et s'attribue le titre de comte de Luxembourg. Né en 1316 à Elbogen, en Bohême, du premier mariage de Jean de Luxembourg avec Élisabeth de Bohême, élevé à la cour de France et instruit à la Sorbonne, considéré comme un prince intelligent et réaliste, Charles fit preuve d'un tempérament fort différent de celui de son père. Peu porté aux faits d'armes glorieux, diplomate et instruit – il connaissait six langues et s'intéressait à la théologie –, il s'appliqua à régner en prince chrétien. Tenté par la *grande politique*, Charles, peu intéressé par son héritage luxembourgeois qu'il croyait assuré par son demi-frère, misa surtout sur ses possessions en Europe centrale. Élu roi d'Allemagne en 1346 à la suite de l'excommunication et de la destitution de Louis de Bavière, il eut la sagesse de gouverner avec les électeurs. En promulguant le 23 décembre 1356 la *Bulle d'Or*, il donna à l'Empire sa loi fondamentale et fixa de façon définitive, dans le droit écrit, le droit coutumier qui favorisait l'élection de l'empereur sur le principe d'hérédité. En satisfaisant la volonté des princes, Charles assura l'élection de ses deux fils au trône impérial : Wenceslas (1378-1400) d'abord et, très indirectement, Sigismond (1400-1437). Le 28 décembre de la même année, Charles accorda une *Bulle d'Or luxembourgeoise* aux bourgeois des villes du Luxembourg afin de les protéger contre les exactions des seigneurs. Peu disposé à s'engager dans les querelles italiennes, il confirma les privilèges des villes lombardes, se fit couronner à Rome et s'empressa de revenir en Bohême. Toute sa sollicitude allait dorénavant se porter sur la terre de Bohême dont il rêvait de faire la plaque tournante de l'Empire. Il développa Prague, y fonda une université sur le modèle de la Sorbonne et entreprit de développer le patrimoine territorial. Jean l'Aveugle avait obtenu par son mariage avec Élisabeth la Bohême et la Moravie. Il y avait ajouté la Silésie (1327) et le duché de Goerlitz (1329). Charles élargit le territoire en acquérant le duché de Schweidnitz (1368), la Lusace (1370) et la principauté de Brandebourg (1373). Dans cette vaste politique territoriale, qu'advenait-il du comté de Luxembourg ? Pendant les sept années qu'il régna sur l'héritage de son demi-frère Wenceslas, Charles ne s'intéressa que peu au comté et n'y fit que de brèves apparitions. S'il confirma à la ville de Luxembourg son ancienne franchise, il ne s'intéressa au territoire que dans la mesure où il put en tirer de l'argent au profit de ses États de Bohême. En 1346, il vendit les villes d'Echternach, Bitbourg, Remich et Grevenmacher à son grand-oncle, l'archevêque Baudouin de Trèves, qui laissa néanmoins à Charles et à ses successeurs la possibilité de racheter ces villes. En 1349, en contrepartie des sommes empruntées à Baudouin, il céda à titre d'engagère les comtés de Luxembourg et de Laroche, le territoire de Stavelot-Malmédy, les villes de Marche et de Bastogne, les seigneuries de Durbuy et de Reuland et le marquisat d'Arlon. En 1353, Charles rendit le comté à son demi-frère et, l'année suivante, conféra à ce dernier le rang de prince de l'Empire et duc de Luxembourg. Pour Joseph Goedert, les raisons de cette élévation sont multiples. Prestige dynastique d'abord : en conférant à Wenceslas et à ses successeurs le rang ducal, Charles élevait la maison luxembourgeoise aux plus hautes dignités. Prestige politique ensuite : Wenceslas avait épousé Jeanne, fille aînée du duc Jean III de Brabant. À titre de réparation enfin : Charles voulait dédommager Wenceslas des lourds emprunts qui grevaient les finances du pays. C'est grâce aux revenus que lui rapportait son alliance avec Jeanne de Brabant que Wenceslas parvint plus tard à éteindre les engagères. Si on peut déplorer le fait que Charles laissa le territoire luxembourgeois à l'abandon, il n'en reste pas moins vrai que c'est sous son règne que la dynastie luxembourgeoise atteignit l'apogée de sa puissance territoriale. Charles était empereur d'Allemagne, roi de Bohême et margrave de Brandebourg ; Baudouin, son grand-oncle, archevêque de Trèves et électeur ; Jean, son frère, margrave de Moravie ; Wenceslas, son demi-frère, devenu duc de Luxembourg, avait épousé Jeanne, héritière des duchés de Brabant et du Limbourg et du marquisat d'Anvers ; enfin, son second fils, Sigismond, avait épousé l'héritière du roi de Hongrie. Ainsi, grâce aux héritages, aux élections et aux alliances, les domaines des Luxembourg s'étendaient de la mer du Nord aux Carpates orientales. Régnant à la suite de Charles IV, *Wenceslas Ier* (1353-1383) ne se contenta pas de racheter les territoires engagés par son frère, mais étendit à son tour les domaines. En 1364, il acquit le reste du comté de Chiny (la plus grande partie avait déjà été acquise par Jean l'Aveugle), ouvrit un atelier monétaire à Montmédy et ajouta à ses titres celui de *comte de Chiny*. Durant son règne, Wenceslas assura une certaine prospérité au duché : il améliora les conditions commerciales, abolit le droit de *mainmorte*, affranchit un certain nombre de localités dont Marche et Virton, convoqua l'*assemblée des États* une première fois en 1360 et une seconde fois en 1378. Il mourut sans descendance le 7 décembre 1383 et laissa la succession au fils de son frère, *Wenceslas II* (1383-1419). Coléreux de tempérament et apathique, dissipé avec un penchant trop marqué pour le vin, celui-ci succéda à son père sur le trône impérial en 1378, mais fut destitué en 1400 au profit du comte palatin Ruprecht à qui succédera, en 1410, Sigismond (1368-1437), demi-frère de Wenceslas II. Roi de Bohême et duc de Luxembourg jusqu'à sa mort, Wenceslas II ne montra que peu d'intérêt pour le Luxembourg et engagea l'ensemble de son duché auprès de son cousin Josse de Moravie (1388) qui ne se montra jamais dans le Luxembourg. En 1402, Josse céda tous ses droits d'engagère à Louis d'Orléans, frère du roi de France Charles VI. Alors que Louis tenta de restaurer la paix en Luxembourg, il fut assassiné à Paris par les gens de Philippe de Bourgogne. Josse redevint souverain pour un temps (1407 à 1411) et, à sa mort, le duché retourna à Wenceslas II qui se montra incapable de dominer ni les troubles civils ni l'anarchie. Comme il était difficile de régner à la fois sur la Bohême, sur l'Allemagne et sur le Luxembourg, l'usage s'instaura de céder le territoire luxembourgeois à un cadet. Aussi, Wenceslas II attribua le duché à son jeune frère Jean de Goerlitz, dont la fille, Élisabeth de Goerlitz, épouse Antoine de Bourgogne, duc de Brabant et du Limbourg, devint l'héritière.

À court d'argent, Wenceslas II engagea le pays à Antoine et Élisabeth. Antoine périt à la bataille d'Azincourt, le 25 novembre 1415. En 1419, Élisabeth épousa Jean de Bavière, comte palatin du Rhin et comte de Hollande. La même année, Wenceslas II mourut et le duché passa à son frère Sigismond, roi des Romains et de Hongrie, mais Élisabeth de Goerlitz conserva l'engagère. Veuve une seconde fois en 1425, Élisabeth conserva la possession du pays et le titre de duchesse. Après le décès de Sigismond († 1437), le duché passa à sa fille Élisabeth, épouse d'Albert d'Autriche. Albert mourut prématurément et, en 1439, Élisabeth autorisa son gendre, Guillaume de Saxe, à procéder au « dégagement » du duché. Ne disposant pas de moyen pour procéder au dégagement, Guillaume s'apprêta à conquérir le territoire par les armes mais Élisabeth de Goerlitz s'empressa, le 4 octobre 1441, de céder à Philippe le Bon, contre 120 000 florins, ses droits sur le Luxembourg (traité de Hesdin). Par cette acquisition, le duc de Bourgogne poursuivait l'unification des territoires bourguignons.

CHAPITRE III

Une terre convoitée : des ambitions bourguignonnes au traité de Vienne (1443-1815)

Pièce stratégique convoitée par les princes bourguignons, l'espace géographique luxembourgeois couvre dès le XIVe siècle la région entre la Meuse et la Moselle moyenne. Il comprend, outre le territoire du Grand-Duché contemporain, à peu près l'actuelle province belge du Luxembourg, la partie méridionale du territoire d'Eupen-Malmédy, la moitié occidentale de l'arrondissement de Bitbourg-Prum avec des avancées jusqu'à Manderscheid à l'est et jusqu'à Schleiden au nord, puis d'assez grandes aires des départements français de la Meuse, de la Meurthe-et-Moselle et de la Moselle. Les villes belges d'Arlon, de Bastogne, de Marche et de Laroche, les bourgs allemands de Neuerburg et de Bitburg, les forteresses françaises de Montmédy et de Thionville appartiennent donc à l'ancien territoire luxembourgeois, qui ne soude pas seulement deux bassins versants (Meuse et Moselle), mais aussi deux communautés linguistiques (wallonne et francique). Le duché de Luxembourg occupe une excellente position stratégique vis-à-vis de l'Allemagne et, en s'étirant vers le sud, il put contribuer à l'unification des possessions bourguignonnes. L'ambition des ducs de Bourgogne, princes français, était de créer entre le *regnum* (la France) et l'*imperium* (l'Empire) un État intermédiaire. L'acquisition du Luxembourg fut une aubaine pour le duc bourguignon. Philippe le Bon avait déjà acheté à Jean III le comté de Namur en 1421, acquis le Hainaut et la Zélande en 1428, recueilli le Brabant et le

Limbourg en 1430 ; il imposa son protectorat aux seigneuries ecclésiastiques de Liège, Cambrai et Utrecht. Le duché de Luxembourg, associé au territoire lorrain, devint donc le lien entre ses autres territoires. En joignant toutes ses acquisitions à ses terres de Bourgogne et Franche-Comté, Philippe le Bon composa les *Pays-Bas*, vaste confédération de principautés médianes entre la France et l'Empire. L'annonce de l'arrangement avec Élisabeth de Goerlitz divisa la noblesse et les villes luxembourgeoises en deux partis : d'un côté, les partisans des Bourguignons ; de l'autre, ceux qui défendaient les droits des héritiers naturels. Après plusieurs mais vaines tentatives de conciliation, Philippe le Bon s'empara de la ville de Luxembourg dans la nuit du 21 au 22 novembre 1443. Les Luxembourgeois n'eurent d'autre choix que d'accepter le fait accompli. Il faudra pourtant attendre 1461 pour que les États de Luxembourg reconnaissent en *Philippe le Bon* (1443-1467) leur souverain légitime à la suite du désistement de Guillaume de Saxe et de la mort de Ladislas, petit-fils de Sigismond. Philippe le Bon mourut à Bruges le 15 juin 1467. Son fils unique, *Charles le Téméraire* (1467-1477), lui succéda et se heurta à l'habile et peu scrupuleuse politique de Louis XI, l'*universelle aragne*. Il arriva non sans difficulté à soumettre les Liégeois révoltés contre leur évêque, mais sa mort sous les murs de la ville de Nancy (1477) qu'il disputait au duc de Lorraine brisa ses ambitions. Il laissa en héritage au Luxembourg le *Grand Conseil de Malines* qui fut, jusqu'en 1787, l'instance suprême du pays en matière de justice. Le rêve lotharingien des ducs de Bourgogne va se dissiper pour deux raisons : Charles le Téméraire ne laisse pas de descendance mâle et, à sa mort, Liège et la Lorraine s'affranchissent de la tutelle bourguignonne. Louis XI pouvait espérer ne faire qu'une bouchée de l'héritage de la fille de Charles, *Marie de Bourgogne* (1477-1482). Mais celle-ci, en épousant le 18 août 1477 Maximilien d'Autriche, fils de l'empereur Frédéric III et futur empereur lui-même, s'assura un puissant protecteur et réussit à sauvegarder la Franche-

Comté et les Pays-Bas qui devinrent ainsi terres d'empire. Seule la principauté ecclésiastique de Liège arriva à se libérer du joug bourguignon en 1477 : il s'ensuivra que le Luxembourg demeurera toujours séparé du reste des Pays-Bas par le couloir liégeois de la Meuse.

Dans la mouvance des Pays-Bas espagnols (1506-1684). En 1496, *Philippe le Beau* (1482-1506), fils unique de Marie de Bourgogne, épouse l'Infante Jeanne, fille de Ferdinand le Catholique et d'Isabelle de Castille. Son immense héritage passe à leur fils *Charles Quint* (1506-1555), né duc de Luxembourg. Lorsque celui-ci divisa l'Empire en dix cercles, il rattacha la Bourgogne à l'Empire, tout en sauvegardant ses coutumes et ses privilèges. Il en fit en 1512 la circonscription impériale bourguignonne qu'il transmit en 1552 à la branche espagnole de sa maison, c'est-à-dire à son fils *Philippe II* (1555-1598). Le duché devint alors terre héréditaire espagnole et il le resta avec les provinces méridionales des Pays-Bas, même quand les sept provinces du Nord, par leur déclaration d'indépendance (1581), s'opposèrent à l'hispanisation. Cette situation territoriale persista jusqu'en 1659 lorsque, par le traité des Pyrénées, l'Espagne céda à la France la bordure méridionale du duché – à savoir, les prévôtés d'Ivoix, de Damvillers, de Marville, de Montmédy et de Thionville. À partir de cette date, la frontière franco-espagnole prit à peu près le tracé de la frontière politique belgo-franco-luxembourgeoise que nous connaissons aujourd'hui.

Renouant avec la politique de centralisation des ducs de Bourgogne, Charles Quint dota le gouvernement général des Pays-Bas de nouvelles institutions centrales. Les rouages installés à Bruxelles accordaient une place prépondérante aux Conseils collatéraux (les trois « *Consaulx* ») : le *Conseil d'État*, le *Conseil privé* et le *Conseil des Finances*.
Le *Conseil d'État*, chargé des questions politiques ou des grandes affaires qui concernaient l'État, donnait son avis sur les questions qui relevaient de la direction générale de l'État, sur les traités et les négociations avec les puissances étrangères, sur la défense du

pays et sur les nominations aux principales fonctions de l'État. Le gouverneur général était le chef, au moins en théorie, des membres ordinaires. On y convoquait parfois les chevaliers de l'Ordre de la Toison d'or, les membres du Conseil privé, du Conseil des Finances, du *Grand Conseil de Malines*, les gouverneurs de provinces, les évêques et les autres hauts fonctionnaires. Le *Conseil privé*, convoqué pour donner son avis sur les questions de justice et de culte, avait dans ses attributions la haute surveillance de la justice et de la police, la confection des ordonnances, la promulgation des édits et des statuts, l'interprétation des lois en vigueur. Il présentait au gouverneur général une « *consulte* » ou avis motivé sur les questions importantes soumises à l'homologation de ce dernier. Le *Conseil des Finances* s'occupait des questions de finances, des revenus ordinaires ou extraordinaires et des dépenses. Il avait sous sa dépendance les chambres des comptes, réglait les impôts et délivrait l'argent nécessaire aux dépenses du gouvernement. Maximilien Ier avait nommé en 1507 sa fille Marguerite d'Autriche gouvernante générale des Pays-Bas. Elle fut confirmée dans ses fonctions par son neveu Charles Quint et les assuma jusqu'en 1530. Le 25 août 1559, Philippe II quitta sa résidence des Pays-Bas pour l'Espagne et chargea sa demi-sœur Marguerite de Parme du gouvernement général. Lorsque la révolte éclata aux Pays-Bas, Philippe II y envoya en 1567 le duc d'Albe avec une armée et les pleins pouvoirs. En 1574, le duc est révoqué et remplacé par Don Luis de Requesens y Zuniga, Grand Commandeur de Castille. Lorsque ce dernier mourut en 1576, il fut remplacé par Don Juan d'Austria, vainqueur des Turcs à Lépante. Décédé en 1578, il laissa sa place à Alexandre Farnèse, lui-même remplacé par l'archiduc Ernest.

En ce qui concerne les institutions provinciales, elles étaient dominées par trois rouages principaux. Le gouverneur exerçait le rôle de représentant du prince. Peu de Luxembourgeois accédèrent à cet honneur : Jean-Frédéric d'Autel (1645-1716), gouverneur au début du XVIIIe siècle, provenait d'une famille de la vieille noblesse luxembourgeoise. Le cas de Jean Beck (1588-1648), né à Staatgronn, faubourg de Luxembourg, fut probablement plus remarquable, car il était originaire de la petite-bourgeoisie. Le comte Pierre-Ernest de Mansfeld (1517-1604) n'était pas un Luxembourgeois d'origine, mais d'adoption. Originaire de Mansfeld, en Saxe, il avait été gouverneur de 1545 à 1604. Le Conseil de Luxembourg, conçu à l'origine comme défenseur de la politique princière dans la province, finira, par son emprise croissante sur les affaires de celle-ci, par

prendre en main les intérêts provinciaux. La représentation des habitants était assurée par les États, émanation du clergé, de la noblesse et des villes.
Organe du prince par excellence, le *Conseil provincial* aidait le prince à rendre la justice et à administrer le pays. Si les présidents en furent souvent des non-Luxembourgeois, les membres étaient généralement des autochtones. Cette institution subit deux réformes importantes au cours de son existence. Philippe le Bon (1444) puis Charles Quint (1531) réglèrent le fonctionnement du Conseil princier qui, à partir du XVIe siècle, prit le nom de Conseil provincial (ou Conseil). Le Conseil siégea à Luxembourg dans un hôtel construit vers 1536. Outre le gouverneur, y siégeaient le président, un jurisconsulte (qui, dans le domaine judiciaire, incarnait à peu près le rôle du président de la Cour supérieure de justice), trois conseillers de *longue robe*, jurisconsultes, trois conseillers de *courte robe*, nobles, un procureur général, un secrétaire-greffier et un certain nombre d'employés subalternes. Pour ce qui était de ses attributions, le Conseil fut à la fois un organe de gouvernement et un tribunal. Ses attributions s'étendaient à trois domaines et sa tâche essentielle constituait à sauvegarder les droits du prince.
Dans le domaine de l'*administration*, le Conseil veilla à l'administration des biens du domaine et à la perception des droits du prince, dont les aides, les tonlieux et toute autre taxe. Les édits et les ordonnances furent le fait du prince à qui appartenait le pouvoir législatif, mais le Conseil était consulté en matière législative et chargé de la publication et de l'exécution des ordonnances. En matière de *justice*, le Conseil était un tribunal tant civil que pénal. Sauf pour des cas particuliers, il fut surtout tribunal d'appel. Toute la procédure devant le Conseil se faisait par écrit.
Les attributions du Conseil s'exerçaient aussi dans le *domaine ecclésiastique*. À l'obligation de veiller aux droits du Prince, s'ajoutait la particularité que, pour le Luxembourg, les autorités ecclésiastiques – à savoir, les évêques – résidaient en dehors du territoire. Leurs actes ne pouvaient obtenir force exécutoire qu'après examen par le Conseil et accord de celui-ci sous forme du *placet*. Le Conseil provincial y recourut fréquemment pour garder la maîtrise de la Réforme catholique et forcer les évêques étrangers à reconnaître son autorité. Exigé d'abord pour les collations pontificales et épiscopales, il le fut ensuite pour tout acte juridique posé par un clerc quelconque. Dans certains domaines, le Conseil exerça un véritable droit de censure sur l'Église – à savoir, les visites épiscopales et pastorales de l'évêque ou de son représentant, les

bulles et mandements pontificaux et épiscopaux, l'observation des fêtes religieuses, la collation des cures et des bénéfices ecclésiastiques. Lors des conflits avec Trèves, c'est la résistance du Conseil provincial qui avait empêché les archevêques de Trèves, au début du XVIIe siècle, de lever les taxes et les subsides dus par le clergé luxembourgeois.

Les *États de Luxembourg*. Dès le XIIIe siècle, les princes furent obligés de prendre en compte les préoccupations de la noblesse. Au XIVe siècle, ils durent élargir leurs considérations aux intérêts du clergé et surtout à ceux de la bourgeoisie des villes. Les besoins croissants d'argent contraignirent les princes à convoquer les représentants de la noblesse, du clergé et des villes pour négocier l'octroi des « aides et subsides ». C'est de ces rencontres que naîtra l'Assemblée des États. Les représentants des *Trois États* n'ont jamais acquis l'importance des états généraux français. Le Luxembourg étant presque entièrement séparé du reste des Pays-Bas par la principauté de Liège, les Luxembourgeois gardèrent la volonté marquée de considérer leur principauté comme distincte des *Pays de par deçà*. Les rares fois où leurs représentants participèrent aux états généraux, ce fut en formulant les plus expresses réserves. Incident significatif : en 1598, les députés luxembourgeois refusèrent de siéger avec les représentants des autres Provinces et exigèrent de se tenir à part, au milieu des Officiers de la Cour. Les États provinciaux, qui ne pouvaient se réunir sans la convocation du gouverneur, tinrent leurs assemblées au château de Luxembourg à partir de 1451. Après la destruction de ce dernier, au XVIe siècle, ils logèrent à l'hôtel de ville, actuel palais grand-ducal. Comme ailleurs, les États provinciaux du Luxembourg furent constitués de la *noblesse*, du *clergé* et du *Tiers État*. La *noblesse* luxembourgeoise était surtout composée de petits seigneurs campagnards. Elle s'acquérait soit par la naissance, soit par lettres conférées uniquement par le souverain ou plus rarement par charge. Des règlements prévoyaient que le candidat à la noblesse devait prouver plusieurs quartiers de noblesse, d'abord deux et plus tard quatre. À propos du *clergé*, l'ancienne terminologie ne parlait pas précisément de l'État ecclésiastique mais des *sires prélats*, car seules les grandes abbayes étaient représentées à titre de seigneurs fonciers. Au premier rang figurait l'abbaye de Saint-Maximin de Trèves dont le siège se trouvait en dehors du territoire mais qui était riche propriétaire en terre luxembourgeoise. À sa suite figuraient les abbayes d'Echternach, de Munster à Luxembourg, d'Orval, de Saint-Hubert et le prieuré d'Houffalize. Seuls ces six établissements monacaux furent représentés par leurs supérieurs aux États provinciaux. Ni le clergé séculier ni les petits couvents et surtout les religieuses n'y envoyaient de délégués. Quant au *Tiers État*, il comptait 15 villes, 7 du *quartier germanique* (Luxembourg, Arlon, Bitbourg, Diekierch, Echternach, Grevenmacher et Remich) et 8 du *quartier wallon* (Bastogne, Chiny, Durbuy, Houffalize, Laroche, Marche, Neufchâteau et Virton) ; il était l'émanation des fonctionnaires locaux, maires et échevins, formant le Magistrat, souvent désigné et renouvelé par le prince. La bourgeoisie des villes était exclue de toute représentation. Les États jouèrent un rôle politique mais plus encore fiscal et administratif. Ils prêtaient serment de fidélité aux nouveaux souverains moyennant la promesse de ceux-ci de respecter leurs privilèges. Le vote des aides et des subsides au prince fut considéré par les États comme leur prérogative la plus précieuse. En contrepartie, ils adressaient au gouvernement central les *points et articles*, remontrances sur tout ce qui touchait leurs intérêts ou ceux de la province : l'appel au Conseil de Luxembourg, le stationnement des troupes dans le pays, le rachat des serfs, etc.

Pour ce qui fut de la situation religieuse, elle se caractérisa surtout par son absence d'unité. Tant sous Charles Quint que sous Philippe II, on créa de nouveaux diocèses dans les Pays-Bas. Alors que, pour réprimer l'hérésie ou éteindre des foyers de révolte, le roi d'Espagne engagea les souverains pontifes vers 1560 à ériger évêchés et archevêchés, on ne toucha pas au Luxembourg. Le duché resta écartelé entre six diocèses dont deux se taillèrent la part du lion : l'archevêché de Trèves et l'évêché de Liège. Aux confins du duché, des terres dépendaient des évêchés de Metz, Verdun, Reims et Cologne. La diversité des évêchés accentua la décadence ; ici, plus qu'en aucun autre pays, le manque d'unité se fit sentir. Mal instruits de la conduite des clercs luxembourgeois, sans moyen efficace de réprimer leurs abus, les quelques évêques soucieux d'une réforme virent leurs efforts réduits à néant.

Si certains auteurs affirment que le *clergé séculier* de l'Ancien Régime ne manqua pas de vocations et que d'autres ne le considèrent nombreux qu'à partir du XVIIIe siècle, tous s'accordent à reconnaître l'existence d'un clergé séculier souvent peu vertueux, insuffisamment formé et à la situation pécuniaire parfois précaire. Quant au *clergé régulier*, la décadence très nette qui se fit sentir au XVIe siècle affecta aussi bien les vieilles et célèbres abbayes d'Echternach (Bénédictins) de Saint-Hubert (Bénédictins), d'Orval

(Cisterciens) et d'(Alt)Münster (Bénédictins) que des établissements plus récents. Comme dans les autres provinces des Pays-Bas, la situation de l'Église catholique dans le Luxembourg fut critique. Le nombre de clercs buveurs ou concubinaires sembla fréquent et les paroissiens abandonnés à eux-mêmes, sans instruction religieuse régulière, tombèrent dans la superstition. Cette évolution se manifesta avec évidence dans le nombre de procès de sorcellerie instruits durant les XVIe et XVIIe siècles.
Malgré cette situation spirituelle peu favorable, la pénétration du protestantisme en terre luxembourgeoise fut faible et ne toucha que les marches du pays. Le succès limité des doctrines nouvelles s'expliqua avant tout par la position géographique du pays. Sorties victorieuses des luttes contre les réformés, les principautés ecclésiastiques de Liège et de Trèves formaient des bastions avancés qui protégeaient le Luxembourg. Les grandes voies de communication qu'étaient les vallées de la Meuse, du Rhin et de la Moselle restèrent entre les mains des catholiques. Quant aux autorités du Luxembourg, sous l'impulsion de Pierre-Ernest de Mansfeld, gouverneur du duché de 1545 à 1604, elles n'eurent guère de difficultés à organiser la répression. Trois grandes enquêtes (1564, 1568 et 1584) révélèrent les limites de la pénétration protestante : la première impliqua 30 à 40 personnes ; la seconde entraîna le bannissement de 41 individus ; la troisième aboutit à la conclusion qu'il n'y avait plus de protestants dans le pays. Bien que cette attitude réservée des Luxembourgeois vis-à-vis de l'Église réformée s'expliquât plus par des raisons structurelles que conjoncturelles, elle valut au peuple du duché une solide réputation de fidélité à ses souverains.

Après la mort de Charles le Téméraire, l'émiettement des États bourguignons mit face à face pendant plusieurs siècles les maisons royales françaises (Valois et Bourbons) et les Habsbourg. La ville de Luxembourg, dont la forteresse représentait la clé de voûte d'un appareil défensif constitué des villes fortes d'Arlon, Montmédy, Ivoix-Carignan et Thionville, fut à plus d'une occasion l'enjeu de guerres européennes. Dès 1521, François Ier engagea les hostilités et parvint à s'emparer d'une partie du duché. En 1542, une armée française commandée par le duc Charles d'Orléans, troisième fils de François Ier, s'empara de la forteresse de

Luxembourg. Les Français, expulsés quelques jours plus tard par les troupes impériales de René de Nassau, reprirent la ville une seconde fois, le 10 septembre 1543. Le 28 septembre, François Ier y fit son entrée solennelle et ordonna la construction de nouveaux ouvrages de défense. Peu décidé à renoncer à une place de l'importance de Luxembourg, Charles Quint la reconquit dès 1544 et les protagonistes mirent fin au conflit par le traité de Crépy (18 septembre 1544). Le traité de paix ne suffit pas à éteindre les convoitises françaises : en 1552, Henri II s'emparait des évêchés de Toul, Metz et Verdun. Dans l'élan de la conquête, le roi de France enleva quelques places luxembourgeoises – Thionville, Mont-Saint-Jean, Soleuvre, Damvillers et Ivoix. Charles Quint tenta sans succès de reconquérir Metz mais, fatigué par les vicissitudes du règne, il abdiqua à Bruxelles en 1555 et céda ses possessions des Pays-Bas, y compris le duché de Luxembourg, à son fils *Philippe II*. Ce dernier, peu attiré par les Pays-Bas, mit fin à la querelle avec la France en signant le traité de Cateau-Cambrésis (1559), confia le gouvernement des Pays-Bas à sa demi-sœur *Marguerite de Parme* et s'empressa de retourner en Espagne. La paix fut de courte durée. Les troubles religieux qui éclatèrent dès 1566 aboutirent à une révolte dans les Pays-Bas contre l'absolutisme de Philippe II et contre le régime draconien qu'il avait mis en place. Si le duché de Luxembourg, géographiquement éloigné des foyers de troubles, se tint à l'écart de l'insurrection générale, les populations luxembourgeoises eurent pourtant à en souffrir. La forteresse servit de point de ralliement aux mercenaires allemands, lorrains et italiens engagés par les lieutenants de Philippe II et le pays subit les exactions des bandes de soudards irrégulièrement payés. L'alliance du roi de France Henri IV avec les insurgés hollandais porta la guerre civile sur le théâtre international. En 1593, Philippe de Nassau, neveu de Guillaume le Taciturne, traversa le duché et menaça Luxembourg, mais l'artillerie des remparts le força à se retirer. Trois ans plus tard, Hollandais et Français attaquèrent le sud du pays et occupèrent Montmédy, Virton et Echternach. En 1597, des troupes françaises commandées par le maréchal de Biron tentèrent une nouvelle fois, mais en vain, de s'emparer de la ville de Luxembourg. La résistance des Hollandais alliés à Élisabeth d'Angleterre et à Henri IV décida Philippe II d'ériger les Pays-Bas, y compris le duché de Luxembourg, en État indépendant qu'il attribua à sa fille *Isabelle* laquelle épousa, en 1598, l'archiduc *Albert d'Autriche*. Une des clauses de l'acte de cession faisait revenir le royaume à l'Espagne si Isabelle restait sans descendance (*clause de réversion*). Le 13 septembre de la même année, Philippe II s'éteignit à l'âge de 72 ans.

L'intronisation des nouveaux souverains se fit à Bruxelles le 26 août 1598 ; le 21 août 1599, *Albert et Isabelle* firent leur entrée solennelle à Luxembourg. Si les dix provinces du Sud reconnurent sans difficultés l'autorité des nouveaux monarques, les provinces du Nord, érigées en Provinces-Unies des Pays-Bas depuis 1579, refusèrent de se soumettre et continuèrent la guerre. Après l'échec de plusieurs campagnes militaires et après des incursions réitérées des troupes hollandaises en Luxembourg, Albert ouvrit des négociations avec les Provinces-Unies et conclut une *trêve de douze ans* (1609-1621). Cette période de paix permit aux archiducs de réparer en partie les désastres provoqués par quarante ans de guerre civile. Ils réformèrent la justice en permettant la publication de l'*Édit perpétuel* (1611), document qui, en fusionnant le droit coutumier et le droit romain, fut à l'origine du droit belge ; ils ranimèrent l'esprit religieux et firent appel aux pères jésuites qui fondèrent un collège à Luxembourg (1603) et rechristianisèrent la population en instaurant des sodalités et des missions de campagne. Albert mourut sans descendance en 1621. La *clause de réversion* rétablit la souveraineté de l'Espagne sur le duché de Luxembourg et Isabelle continua de gouverner jusqu'à sa mort († 1633) les provinces des Pays-Bas catholiques au nom de *Philippe IV*, roi d'Espagne.

Le règne de *Philippe IV* (1621-1665) sera des plus funestes pour le Luxembourg. Les hostilités avec les Provinces-Unies reprirent dès l'expiration de la trêve et les Luxembourgeois eurent non seulement à souffrir des ravages de la guerre de Trente Ans, mais les deux tiers environ de la population furent décimés par la famine et la peste. En 1635, l'électeur de Trèves, Philippe de Soetern, se plaça sous le protectorat de Louis XIII. Peu favorable au voisinage menaçant des troupes françaises, le gouverneur de Luxembourg s'empara de Trèves et fit prisonnier l'électeur que Philippe IV fit livrer à l'empereur Ferdinand II. Richelieu déclara aussitôt la guerre au roi d'Espagne et fit alliance avec la Suède, les protestants allemands et les Hollandais. Le passage des troupes impériales et françaises à travers le duché de Luxembourg fut l'occasion des pires exactions : pillages, villages détruits et populations martyrisées. Malgré le traité de Westphalie (1648), la guerre se prolongea dans les Pays-Bas pendant onze ans. En 1657, Montmédy tomba aux mains des Français. La paix des Pyrénées (1659) mit fin à la guerre, mais Thionville, Montmédy, Ivois-Carignan, Damvillers, Chauvency et Marville durent être cédés à la France.

Philippe IV mourut le 17 septembre 1665. Son fils unique *Charles II* (1665-1700), âgé de 4 ans, lui succéda, mais sous la tutelle de sa mère Marie-Anne d'Autriche. Enhardi par la prise de Thionville (1643) et de Montmédy, Louis XIV visait maintenant la conquête de la forteresse de Luxembourg. Quelques tentatives malheureuses excitèrent sa convoitise. Forçant l'interprétation du traité des Pyrénées, le roi chargea quatre tribunaux français, les *Chambres de Réunions*, de rechercher villes et dépendances relevant des territoires acquis par le traité. À la suite d'une série de sentences prononcées par le tribunal de Metz, les troupes françaises grignotèrent tout le duché de Luxembourg et le comté de Chiny (1679-1681), et vinrent à bout, après plusieurs tentatives, de la résistance de la forteresse luxembourgeoise. Le siège dirigé par Vauban dura cinq semaines. Le 4 juin 1684, la ville capitulait et, le 7 juin, la garnison espagnole évacuait les cantonnements.

La première occupation française (1684-1698). – La conquête du duché par Louis XIV apporte de profonds changements au paysage de la ville et remodèle les institutions qui régentaient le territoire. Vauban est chargé de réaménager les fortifications dont des vestiges subsistent encore de nos jours. Il fait construire d'importantes casernes dans la ville et allège ainsi les habitants de l'obligation d'abriter les troupes. De nombreux châteaux, sièges toujours possibles d'une révolte de la noblesse, furent démolis et les enceintes des petites villes démantelées. Louis XIV prit son temps d'intégrer le duché à la France. Il attira dans le pays des familles françaises auxquelles il accorda des privilèges, dont l'exemption d'impôts. Les institutions furent adaptées afin de les intégrer dans la politique centralisatrice et absolutiste du monarque français. Metz devient centre administratif et le Conseil provincial perdit ses attributions politiques pour ne plus jouer que le rôle de simple tribunal. À côté du gouverneur militaire, un sous-intendant eut la charge de la direction de l'administration civile et financière. Si la population luxembourgeoise se montra d'abord réticente aux changements, elle finit par accueillir avec satisfaction la paix retrouvée. En 1687, Louis XIV, accompagné de Mme de Maintenon, du Dauphin et de Jean Racine, visita sa nouvelle conquête. Satisfait de l'accueil qu'il reçut, il confirma les privilèges de la ville et fit preuve de libéralité à l'égard des institutions religieuses de la ville.

L'insatiable ambition du *Roi Soleil* allait conduire Impériaux, Hollandais, Anglais, Espagnols et Suédois à constituer la *Ligue d'Augsbourg*. Après neuf années de guerre (1688-1697), Louis XIV signe le traité de Ryswyck et restitue le duché de Luxembourg à l'Espagne, à l'exception des territoires acquis par la France par le traité des Pyrénées. En janvier 1698, les soldats français évacuent la place de Luxembourg et sont remplacés le même jour par des troupes hollandaises qui s'installent au nom du roi d'Espagne.

Le retour aux Habsbourg (1698-1795). – La restauration du régime espagnol va être de courte durée ; la mort sans descendance, le 1er novembre 1700, de Charles II, dernier Habsbourg d'Espagne, va entraîner indirectement le Luxembourg dans la guerre de Succession d'Espagne (1701-1714). Louis XIV gagna à sa cause *Maximilien-Emmanuel de Bavière*, gouverneur général des Pays-Bas espagnols en lui promettant la souveraineté du Luxembourg et du Namurois. Leurs troupes chassent les Hollandais de la forteresse luxembourgeoise. Elles sont aussitôt remplacées par des troupes françaises. L'Angleterre et la Hollande, alliés contre Louis XIV et son petit-fils Philippe d'Anjou, occupèrent Trèves et les vallées de la Moselle et de la Basse-Sûre ; Grevenmacher et Echternach furent pillées, et la forteresse luxembourgeoise, occupée par les Français, craignit un nouveau siège. Le duc de Malborough, commandant en chef des alliés, songea même un moment à envahir la Lorraine, mais il renonça à son projet. Les réquisitions, les déprédations, la levée de nouveaux impôts et les rudes conditions climatiques plongèrent une fois de plus le peuple luxembourgeois dans la misère et la famine. Cette désolation jeta des Luxembourgeois sur les chemins de l'exil ; un certain nombre d'entre eux partit vers la Hollande et l'Angleterre, où ils s'embarquèrent pour l'Amérique du Nord.

Ce sont les traités d'Utrecht (1713) et de Rastatt (1714) qui mirent un terme à la guerre en partageant l'héritage espagnol entre les deux prétendants, Philippe V, petit-fils de Louis XIV, et l'empereur Charles VI d'Habsbourg. Le duché de Luxembourg, avec les Pays-Bas, revint à ce dernier. L'avènement de *Charles VI* (1714-1740) ramène une période de paix après deux siècles de guerres et de ravages. Au cours de son règne, Charles VI prend des mesures qui assurent le relèvement du pays : il fait consolider les fortifications de

Luxembourg qui devient une des plus formidables places fortes d'Europe ; il favorise les conditions pour développer l'agriculture et l'industrie et prend de nombreuses ordonnances. Ces mesures contribuent à rétablir la sécurité d'une population qui s'accroît très vite au XVIIIe siècle, peut-être grâce à l'introduction de la pomme de terre qui assure une meilleure résistance aux épidémies. Charles VI mourut le 20 octobre 1740. Ses successeurs, sa fille *Marie-Thérèse* (1740-1780) et son petit-fils *Joseph II* (1780-1790), entreprennent de vastes réformes en vue d'accroître le bien-être des habitants et d'assurer la modernisation de la société. Des réformes administratives visèrent à améliorer le fonctionnement de l'administration régionale tout en veillant à renforcer le contrôle du pouvoir central. Pour le cas particulier du Luxembourg, ces réformes tendirent à réduire le particularisme régional, en restreignant par exemple le pouvoir des États de Luxembourg, en nommant à vie les maires et les échevins ou encore en renforçant le contrôle sur les finances des corporations. Dans le domaine économique, des réformes furent mises en place pour réduire le dirigisme, stimuler la production industrielle et agricole et libéraliser le marché. Joseph II envisagea une vaste réforme de l'appareil judiciaire, mais ses innovations ne furent jamais appliquées. Marie-Thérèse tenta timidement d'atténuer le rôle de la torture dans l'obtention des aveux, mais elle n'osa pas en interdire l'usage. C'est Joseph II qui en fera supprimer la pratique en 1787. En vue d'introduire une égalité devant l'impôt, Marie-Thérèse prescrit en 1766 un dénombrement des ressources du Luxembourg connu sous le nom de « *cadastre de Marie-Thérèse* ». Enfin, des réformes religieuses visent à renforcer le contrôle de l'État et à lutter contre la superstition. Ainsi, les souverains autrichiens promulguent un édit de tolérance (1781) accordant aux protestants le libre exercice de leur culte et l'accès aux emplois publics. Marie-Thérèse fait reculer l'âge de l'admission aux vœux monastiques à 25 ans et Joseph II promulgue en 1783 un édit qui supprime tous les ordres réguliers, déclarés inutiles, hormis ceux qui se vouaient à la prédication, à l'enseignement ou au soin des malades. Dans le même esprit, Joseph II prend des mesures pour améliorer la formation du clergé, rend obligatoire la fréquentation du séminaire, Louvain ou Luxembourg, pour tous les étudiants en théologie, et ordonne une réorganisation générale du système paroissial du duché luxembourgeois. Il imposa strictement l'ordonnancement du culte en réglant le cérémonial religieux, le chant d'église et même l'habit des religieuses ; il proscrivit les pèlerinages, les expositions des reliques et les chandeliers de métal. Si les innovations des souverains autrichiens se heurtèrent souvent à l'inertie d'une population indifférente et restèrent en partie lettre morte faute de moyens de les faire exécuter, elles présentèrent néanmoins pour le Luxembourg une ouverture sur la modernité que les bouleversements de la Révolution française allaient imposer de façon plus radicale.

Malgré certains chauds partisans, dont le Luxembourgeois *Jean Nicolas de Hontheim* (1701-1790), évêque suffragant de Trèves qui publia sous le pseudonyme de *Fébronius* des ouvrages de droit canon bienveillants aux idées du gallicanisme et au joséphisme, les réformes de Joseph II n'eurent guère d'écho favorable dans les provinces des Pays-Bas. Si les populations n'y trouvaient aucun élément capable d'améliorer un quotidien misérable, l'Église, de son côté, souffrit de sa mise sous tutelle par la création des séminaires d'État et se sentit menacée par l'introduction des idées de tolérance et par l'immixtion de l'État dans l'organisation de la vie ecclésiastique. Quant aux mesures favorables au libéralisme économique, elles frappèrent de plein fouet les monopoles des corporations. Toutes ces innovations provoquèrent d'abord de vives protestations et ensuite un soulèvement général connu sous le nom de *Révolution brabançonne* (octobre 1789). Repoussées vers l'est, les troupes autrichiennes se retirèrent dans le Luxembourg qui, tout comme au XVIe siècle, ne prit pas part à la révolte. Le clergé luxembourgeois, habitué depuis longtemps à voir le pouvoir temporel intervenir dans les affaires religieuses, ne se souleva pas et n'entraîna pas ses ouailles dans la rébellion. Malgré les tentatives de conciliation faites par Joseph II († 20 février 1790) et par son successeur, son frère Léopold II, les insurgés restèrent indifférents aux propositions autrichiennes et constituèrent une république fédérative sous le nom d'*États Belgiques Unis*. Les armées autrichiennes reprirent Bruxelles en novembre 1790 et *Léopold II* (1790-1792), fidèle à ses engagements, révoqua les édits de son frère et rétablit les anciennes institutions. Sa mort survenue le 1er mars 1792 ne lui laissa pas le temps d'achever la pacification. C'est son fils aîné *François II* (1792-1795) qui lui succéda avec le même esprit de despote éclairé qui fut celui de ses illustres prédécesseurs. Il incita, par exemple, les paysans luxembourgeois à créer des prairies artificielles afin d'améliorer l'élevage et libéra ces prairies de la dîme pendant dix ans.

Société, économie et civilisation à la fin de l'Ancien Régime. – Comme dans la plupart des autres États d'Europe occidentale, la société luxembourgeoise de l'Ancien Régime comporte les trois classes traditionnelles : noblesse, clergé et tiers état ; dans le « tiers », il faut nettement distinguer la bourgeoisie de la paysannerie.

Nous avons déjà fait allusion aux conditions de l'acquisition de l'*état noble*. Au XVIIIe siècle, il n'existe plus qu'une douzaine de seigneurs capables de produire la preuve des quatre grands-parents de souche noble ; la noblesse présente à ce moment au Luxembourg est surtout une noblesse jeune et immigrée. Au cours de l'Ancien Régime, on voit fleurir à côté des grandes familles une petite noblesse dont les racines plongent dans la bourgeoisie et même dans la paysannerie, et qui acquiert une renommée par des activités de maîtres de forge, des entreprises industrielles ou même par des carrières judiciaires. Alors que certains historiens minimisent, un peu rapidement sans doute, l'influence exercée par la noblesse luxembourgeoise à la fin de l'Ancien Régime, d'autres, offrant un éclairage plus nuancé, lui attribuent un rôle de « *minorité influente* » (Calixte Hudemann-Simon). L'absence d'une haute bourgeoisie,

due essentiellement à la carence de l'extension urbaine et au faible développement des activités industrielles et commerciales, permit à la noblesse de conserver un rôle prédominant à l'Assemblée des États. Par ailleurs, soutenus par la politique habsbourgeoise, ce sont les nobles qui possèdent la grande majorité des propriétés et des revenus du sol et qui monopolisent une grande partie des forges, seule activité industrielle rentable. À ces incontestables facteurs de force, il faut pourtant opposer de lourdes faiblesses. Tout d'abord une *faiblesse numérique* due essentiellement aux guerres, aux épidémies qui sévissent au XVIIe siècle et au recul de la démographie, mais aussi au manque de charges conférant la noblesse et au faible octroi par les autorités autrichiennes de l'anoblissement par lettre. La *situation géographique* défavorable isola la communauté luxembourgeoise du reste des Pays-Bas et l'empêcha d'accéder aux hautes charges civiles, militaires ou ecclésiastiques. D'autre part, la *pauvreté du terroir* fit que la noblesse luxembourgeoise, essentiellement rurale, pâtit tant des mauvaises conditions naturelles du pays que du morcellement du territoire lié aux pratiques successorales et souffrit d'une mentalité archaïque. Cet immobilisme favorisa le développement agricole de la Lorraine et de la principauté de Liège. Enfin, le *manque d'unité*, par des préjugés de castes, « anciens nobles » contre « nouveaux », ou bien encore par des préjugés d'origine, « Allemands » contre « Wallons », entraîna querelles et mépris au sein du groupe qui se présenta dès lors comme une société fermée sur elle-même et déjà pratiquement éteinte à l'arrivée des Français en 1795.
Pour ce qui est du *clergé*, aucune décision ne peut être prise au XVIIIe siècle sans l'assentiment de l'État. La pratique du « placet » permet aux pouvoirs civils d'exercer un contrôle sur tous les actes posés en matière ecclésiastique et on trouve au Luxembourg un « *joséphisme avant la lettre* » (Gilbert Trausch). Aucun ordre ou mandement, qu'il émane de Rome ou de l'évêque, ne peut être publié dans le duché sans l'accord du Conseil de Luxembourg. De même, aucune nomination à une cure ou un bénéfice ne peut être agréée sans l'accord des autorités civiles.
La situation du *clergé séculier*, surtout en milieu rural, n'est guère brillante. Formés, pour les plus favorisés d'entre eux, aux Facultés de théologie de Louvain, Trèves ou Cologne, ou, pour les plus démunis, par un curé de paroisse qui se chargeait de leur enseigner les rudiments de latin, de philosophie et de théologie nécessaires à leur ministère, les prêtres voient leur rang social varier selon leur situation financière. Les ressources principales du clergé séculier

découlaient de la dîme, souvent réduite à une portion congrue, des revenus du casuel frappant baptêmes, mariages et sépultures, et enfin des revenus du *bouvrot*, terre que de nombreux prêtres ruraux exploitaient comme cultivateurs ou comme éleveurs. Certains d'entre eux exercèrent même la fonction de *curé-notaire* et rédigèrent contrats de mariage et testaments pour leurs paroissiens. Cette fonction, dont les obligations furent définies dès 1586 par une ordonnance de Philippe II et confirmées en 1611 par l'*Édit perpétuel*, fut particulièrement présente dans le duché de Luxembourg handicapé par de grandes distances et par la défaillance de son réseau urbain. Quant aux ecclésiastiques dépourvus d'une cure, ils durent se contenter des maigres revenus provenant du louage de leurs services comme vicaire auprès d'un curé, comme sacristain ou encore comme maître d'école. Ces prêtres séculiers nombreux, peu instruits et vivant modestement furent à l'image de la société rurale luxembourgeoise pauvre et superstitieuse dont la plupart étaient issus et dans laquelle peu d'entre eux bénéficièrent de confort et d'instruction. Quant au *clergé régulier*, dont le prestige moral dépassa celui du clergé séculier, il se concentra dans les grandes abbayes d'Echternach, de Munster, de Saint-Hubert et d'Orval. Riches propriétaires fonciers au XVIIIe siècle, les abbayes installèrent leurs propres forges, et les abbés, à côté de leur rôle spirituel, jouèrent souvent un rôle politique et industriel. Ainsi, dom Nicolas Spirlet (1715-1794), dernier abbé de Saint-Hubert, se spécialisa dans la fonte des canons destinés aux révolutionnaires américains. Frappés par les réformes de Joseph II, les ordres contemplatifs sont supprimés et les grands monastères disparaîtront dans la tourmente de la Révolution française. Seul Orval renaîtra de ses cendres en 1927.

La tradition historique rattache naturellement la *bourgeoisie* de l'Ancien Régime à la vie des villes. Dans le duché luxembourgeois, à côté de la capitale, il existait un certain nombre de bourgades affranchies au Moyen Âge et qui acquirent à leur tour le statut juridique de « ville ». Qu'on ne s'y trompe pas. La plupart de ces « villages francs » ne devinrent jamais des centres urbains et tant les conditions naturelles défavorables que l'absence d'un réseau de communication confinèrent les habitants dans une vie rurale traditionnelle. Seule la capitale, par l'importance de sa population – 5 000 personnes au maximum en 1650 et 8 500 environ à la fin du XVIIIe siècle – et par son statut, put revendiquer le titre de ville. Résidence princière jusqu'à la conquête bourguignonne, Luxembourg ne conserva ultérieurement qu'un intérêt stratégique ;

son absence de vocation commerciale la maintint à l'écart des intérêts de la grande bourgeoisie. En revanche, en tant que siège de l'administration du duché, on vit évoluer à Luxembourg au sein du Magistrat des notabilités échevinales et des conseillers à longue robe attachés au Conseil provincial. Quelques familles formèrent ainsi une classe moyenne aisée dont certains membres acquirent des titres de noblesse. Cette catégorie sociale se retrouva aussi dans d'autres localités comme Arlon ou Echternach. Gravitant autour des conseillers à longue robe, une cinquantaine de juristes, avocats et notaires, s'assemblèrent à un degré inférieur de la pyramide sociale. Au début du XVIIIe siècle, le duché comptait 58 notaires, dont 11 officiaient à Luxembourg. Leur nombre ira croissant entre 1726 et 1797. À côté de ce patriarcat urbain évolue le petit monde des métiers, artisans et petits commerçants, regroupés jusqu'à 13 corporations. D'après Alain Atten, conservateur aux Archives nationales de Luxembourg, on compta en 1765, à Luxembourg, 1 456 maîtres et 400 compagnons. Le nombre de maîtres tomba à 1 148 en 1794. La concurrence et la rivalité entre les métiers entraînèrent un grand nombre de procès qui épuisèrent financièrement les corporations à tel point que les souverains autrichiens durent prendre des mesures pour minimiser les litiges. Mentionnons aussi l'existence d'une « bourgeoisie agraire » qui, sans vivre dans la misère, se débrouilla tant bien que mal pour assurer sa subsistance. Ses membres, modestes artisans habitant souvent dans les faubourgs de la ville, s'assurèrent un complément de revenus par la culture d'un lopin de terre.

Dans la pyramide sociale luxembourgeoise de l'Ancien Régime, c'est la *paysannerie* qui est le groupe social le plus étendu. Alors qu'environ 4 % à peine des habitants trouvent refuge dans la capitale et dans les quelques autres « villes » du pays, le reste de la population se regroupe sous divers titres dans les campagnes. Si, comme ailleurs, le monde paysan n'est pas homogène dans son ensemble, on n'y trouve pas, comme pour la bourgeoisie, de grands propriétaires terriens : sur l'ensemble du territoire prédomine la petite et la moyenne propriété. S'il existe une différence notoire entre la maigre production des terres du Nord (Œsling) et la production plus abondante de celles du Sud (Gutland ou *Bon Pays*), l'ensemble du terroir est caractérisé par un morcellement très prononcé et de la propriété et des exploitations. Le servage, aboli par Joseph II, persista jusqu'en 1782, surtout dans la partie germanique du pays. La société paysanne de l'Ancien Régime compta diverses catégories d'exploitants. Si un nombre restreint de fermiers exploita des terres de 20 à 50 ha, la plupart des exploitations ne dépassèrent guère 1 ha. C'est à cette dernière catégorie qu'il faut rattacher les journaliers, les artisans et les valets de ferme. Tout au bas de l'échelle sociale, on retrouve le « monde des errants », vagabonds et mendiants, vivant d'expédients ou de larcins, exclus des communautés villageoises et trouvant la plupart du temps un refuge illicite dans les bois ou à leur lisière. Quant aux pauvres qui purent s'intégrer dans les communautés rurales, ils bénéficièrent de la reconnaissance de l'Église, de la charité chrétienne et purent s'assurer une subsistance par la jouissance des droits collectifs de *vaine pâture*, des *droits de glanage et de chaumage*, ou bien encore des *droits d'usage* du bois pour se chauffer ou se construire un abri.

Que peut-on retenir de ce rapide survol de la société luxembourgeoise de l'Ancien Régime ? Les historiens contemporains s'accordent à la définir comme coutumière, attachée à ses usages et traditions médiévales auxquels seule la Révolution française mettra un terme ; elle fut corporative et hiérarchisée, peu encline à valoriser l'individu au préjudice du groupe ; enfin, elle fut catholique, non par une pratique religieuse plus soutenue qu'ailleurs, mais par le monopole qu'exerça l'Église catholique comme religion d'État au détriment des autres cultes. Outre ces quelques considérations, on peut retenir que la population luxembourgeoise de l'Ancien Régime, malgré les nombreuses incursions des princes étrangers dans l'administration du territoire, parvint toujours à s'opposer avec énergie à toutes les velléités d'annihiler ses coutumes et ses institutions. Par cet esprit de résistance, l'attitude des Luxembourgeois de l'Ancien Régime différa grandement de celle des contemporains.

Dans ses *structures économiques*, le Luxembourg du XVIIIe siècle fut essentiellement rural. Selon une estimation, quelque 4 % de la population sont citadins et le reste vit plus ou moins en autarcie à la campagne. L'essentiel de la production agricole porte sur la culture des céréales. Les blés prédominent (froment, seigle, avoine et orge) et la pomme de terre est présente dès le début du XVIIIe siècle comme plante jardinière. Le système d'exploitation se rattache à la rotation des cultures (assolement triennal) et est contraint par les servitudes et les droits collectifs. Les rendements sont faibles – évalués en moyenne entre 3 à 6 fois la quantité de semences –, accentués par la jachère qui sert à pallier le manque d'engrais. À la culture de céréales, il faut ajouter la culture du lin nécessaire à l'industrie domestique. À côté de la culture, l'élevage de chevaux, bœufs, vaches et moutons est la branche la plus importante de la production agricole. L'absence de prés naturels, les maigres pâturages et la faible production d'engrais ne permirent pas la constitution d'un cheptel solide. Seuls les moutons et les porcs – largement répandus sur le territoire – trouvèrent dans les landes et les bois une nourriture appropriée à leur subsistance. À côté de l'activité agricole, le duché connut assez tôt une activité préindustrielle portée essentiellement sur la sidérurgie. L'abondance de minerais alluviaux exploitables à ciel ouvert, la présence du charbon de bois aisément produit dans les grandes forêts et l'utilisation facile de la force motrice grâce à de nombreux petits cours d'eau offrirent des conditions favorables au développement d'une telle activité. Utilisant une main-d'œuvre permanente et spécialisée peu nombreuse (on l'évalue à environ 700 personnes à la fin du XVIIIe siècle), elle occupait environ 8 000 à 10 000 « ouvriers » occasionnels – terrassiers, laveurs, voituriers, bûcherons, charbonniers –, généralement des cultivateurs libérés des travaux champêtres et s'assurant ainsi un revenu complémentaire. La sidérurgie luxembourgeoise – *dont les forges sont perdues dans la nature* (Jean-Luc Mousset) – produisit surtout du fer en barres, du fer forgé (des « bâtards ») et du fer fondu (des « geuses »). Le faible marché intérieur étant peu demandeur, la majeure partie de la production fut exportée vers les ateliers liégeois qui les utilisèrent pour la fabrication de leurs produits manufacturés vendus par les ports hollandais. D'autres petites industries se développèrent aussi dans le duché : industrie textile (ateliers de tissage à Wiltz, Esch-sur-Sûre, Vianden), tanneries (Clervaux, Wiltz), fabrication de papier (premier moulin à papier construit en 1711 par les Jésuites près de Luxembourg), une faïencerie réputée construite par des jeunes Lorrains, les frères Boch, à Septfontaines-lez-Luxembourg (1766) et, enfin, une verrerie établie à Holsthum. Malgré ces réalisations locales, le commerce luxembourgeois du XVIIIe siècle resta nettement déficitaire. La médiocrité des voies de communication qui rend les transports coûteux et difficiles, la persistance des anciennes réglementations, l'importance des importations, dont du blé et du sel de Lorraine, des peaux de Hollande, du sucre, du coton, des harengs, des épices et du café du Pays liégeois, et le faible volume des exportations (bois, fagots de tan, fer) laissent le duché dans la pauvreté et l'isolement économique. Le développement ne se fera qu'au XIXe siècle.

Si la vie économique ne fut pas intense, la *vie culturelle* ne fut guère plus active. Il y eut bien, au cours des siècles, quelques érudits qui témoignèrent d'une curiosité intellectuelle, mais leur démarche resta fortuite et ne suscita aucun foyer de pensée. Ainsi, Jean Bertels (né en 1544), abbé de l'abbaye d'Echternach, publia en 1595 une *Historia luxemburgensis.* Au cours du XVIIe siècle et malgré les difficultés engendrées par le « siècle des malheurs », trois frères de la famille Wiltheim se distinguèrent par leurs activités savantes. Eustache (1600-1667), président du Conseil provincial, rédigea une histoire du duché de Luxembourg publiée plus tard sous le titre *Kurzer und Schlichter Bericht des Landes Luxemburg* ; Alexandre (1604-1684) et Jean-Guillaume (1594-1636), tous deux prêtres de la Compagnie de Jésus, se passionnèrent pour les Antiquités classiques et se distinguèrent avec succès comme archéologues. Alexandre rassembla le résultat de ses recherches dans un manuscrit intitulé *Lucilinburgensia sive Luxemburgum Romanum.* En 1742, un autre jésuite, le P. Jean Bertholet (1688-1755), publie en 8 volumes une *Histoire ecclésiastique et civile du duché de Luxembourg et du comté de Chiny* en s'inspirant des travaux historiques du notaire Jean-François Pierret (1648-1713). En 1704, l'imprimeur André Chevalier édite *La Clef du cabinet des princes de l'Europe*, premier journal luxembourgeois dont le contenu s'inspire de textes publiés dans d'autres périodiques étrangers. Dès 1774, l'ex-jésuite François-Xavier de Feller (1735-1802) reprend la direction du journal et en change le titre en *Journal historique et littéraire.* Il fit de la petite gazette un mensuel, puis un bimensuel, d'*opinion* qui combattit les idées des Lumières. Censuré par le pouvoir autrichien, Feller se réfugie à Liège où sa feuille sera largement publiée dans les Pays-Bas et en Allemagne jusqu'en 1794.

Pour ce qui est de l'*instruction publique*, la première école connue à Luxembourg est celle de l'abbaye bénédictine de Altmünster, fondée en 1083. Peu à peu d'autres types d'écoles s'imposèrent et l'Église y fut toujours associée d'une façon ou d'une autre. En ce qui concerne l'enseignement élémentaire, le duché compta des écoles paroissiales et communales fréquentées surtout en dehors de la période des travaux des champs (de la fin septembre à Pâques). L'enseignement rudimentaire porta surtout sur l'apprentissage de la lecture à travers un catéchisme ou quelque autre livre de piété, l'initiation à l'arithmétique et à quelques rudiments de latin sans oublier des leçons sur les bonnes mœurs et sur les façons d'être un bon chrétien. La médiocrité des maîtres d'école ruraux

– vicaire, marguillier, chapelain et même aubergiste – ne favorisa pas l'alphabétisation, et ce n'est que dans la capitale que le niveau était meilleur. Seuls les élèves les plus doués ou appartenant aux classes sociales aisées pouvaient accéder à un des collèges du duché. Malgré son étendue, le duché de Luxembourg ne posséda pas de collège avant le XVIIe siècle. Au XVIe siècle, les écoles abbatiales de Saint-Hubert, Echternach, Prum n'existaient plus ou végétaient et l'école monacale d'Altmünster n'ouvrait plus ses portes aux écoliers depuis l'incendie de 1543. Il faut attendre le 1er octobre 1603 pour que, après de nombreuses vicissitudes, les Jésuites ouvrent un collège à Luxembourg. Les trois premières classes comptent dès le premier jour 200 élèves ; à la suppression de l'Ordre, en 1773, on estima la population du collège à 700 élèves, dont 509 logeaient chez des habitants affiliés aux Métiers. Créée quarante ans après le collège de Luxembourg, la résidence jésuite de Marche-en-Famenne (1648) joua un rôle nettement plus local dans l'éducation de la jeunesse. D'autres ordres religieux ouvrirent à leur tour des établissements d'enseignement dans le duché : les Frères-Mineurs à Laroche (1663), Durbuy (1697) et Virton (1738), et les Trinitaires à Bastogne. À l'initiative de dom Nicolas Spirlet, abbé de Saint-Hubert, un dernier collège « privé » vit le jour en 1774 dans la localité hubertine. Dans le domaine de l'instruction des filles, il faut retenir l'école des sépulcrines de Bouillon (1626), dont la communauté se trouvait sous la juridiction de l'abbé de Saint-Hubert, et celle des augustines de la Congrégation de Notre-Dame de Luxembourg fondée en 1627. Lors de la suppression de la Compagnie de Jésus en 1773, les autorités remplacèrent leurs collèges par des collèges royaux dont l'enseignement fut confié au clergé séculier. Les collèges des autres ordres subsistèrent en adaptant leur programme aux réformes thérésiennes. Tous seront emportés par la tempête révolutionnaire.

La seconde domination française (1795-1815). – Les événements qui précipitent la fin de l'Ancien Régime en France balaient tout aussi radicalement l'ancienne organisation provinciale du Luxembourg. Pourtant, dans un premier temps, les Luxembourgeois restèrent indifférents au nouvel ordre révolutionnaire. L'historien Gilbert Trausch remarque que la véritable portée du bouleversement des événements parisiens de 1789 échappa à la plupart des observateurs.

Confiant dans la solidité des régimes monarchiques, peu d'entre eux redoutèrent la contagion. Et pourtant ! Les troubles sanglants qui se déroulèrent à Paris incitèrent les nobles à quitter en masse la France pour se réfugier en Belgique et en Allemagne, en particulier à Coblence et dans la région de Trèves. L'*Assemblée législative* perçut rapidement ce rassemblement d'émigrés à ses frontières comme une menace pour la France révolutionnaire. Le 20 avril 1792, la France décréta la guerre contre François II, roi de Bohême et de Hongrie, et contre son allié Frédéric-Guillaume II, roi de Prusse. Devant l'insuffisance des préparatifs, le manque de matériel et l'encadrement déficient, les armées françaises essuyèrent rapidement des revers. Rejetés des Pays-Bas autrichiens, menacés par les Prussiens et les Autrichiens qui, après s'être regroupés non loin de Luxembourg, prennent Longwy et Verdun, les Français durent leur salut à l'état sanitaire lamentable des troupes alliées et à une manœuvre habile du général Charles-François Dumouriez. Arrêtés le 20 septembre à Valmy, le duc Karl-August de Weimar, le duc de Brunswick et les princes prussiens se retranchèrent dans Luxembourg ; le 6 novembre, les Autrichiens sont défaits à Jemappes. En quelques jours, le général Dumouriez s'empare de Bruxelles, Liège, Anvers, Namur et offre les Pays-Bas autrichiens à la France. L'exécution de Louis XVI en janvier 1793 va déclencher des ruptures sur le plan international : en février, l'Angleterre rompt avec la France, suivie de l'Espagne en mars. Au cours du même mois, les Autrichiens expulsent les Français des Pays-Bas autrichiens et, le 9 avril, les alliés se réunissent à Anvers pour préparer leur plan de campagne. Au printemps 1794, la France oppose aux puissances alliées une masse de 700 000 soldats regroupés en 13 armées. En mai, l'armée du Nord dégage Ostende ; le 26 juin, l'armée de la Moselle défait les Impériaux à Fleurus : la Belgique est une fois encore conquise. Enhardies par leur victoire, les troupes révolutionnaires ne tardent pas à jeter leur dévolu sur les territoires luxembourgeois. En juin 1793, la ville d'Arlon est enlevée une première fois et le 23 juin l'antique abbaye des moines cisterciens d'Orval est réduite en cendres. En avril 1794, ce sont les moniales cisterciennes de l'abbaye de Clairefontaine-lez-Arlon qui fuient devant la soldatesque révolutionnaire : leur abbaye est pillée et incendiée. Le 31 janvier 1794, une administration composée de neuf membres et d'un agent national s'installe dans les locaux de l'abbaye de Saint-Hubert en attendant la chute de la forteresse de Luxembourg. Après avoir pris Arlon en mai, les troupes du général Jourdan resserrent leur étau autour de Luxembourg, clé des opérations des alliés dans la région. Au passage, elles s'emparent des localités de Differdange, de Dudelange, d'Esch-sur-Alzette, de Wasserbillig et d'Echternach. Le 7 juin 1795, la forteresse de Luxembourg défendue par le feld-maréchal et gouverneur Blaise-Colomban de Bender (1713-1798) et qui, aux dires de Carnot, « est la meilleure du monde, mis à part Gibraltar », capitule après un siège de sept mois. La dernière colonne autrichienne évacua honorablement la ville le 12 juin 1795 après quoi l'armée républicaine et l'administration française s'installèrent à Luxembourg. Un décret de la Convention du 1er octobre 1795 proclama l'annexion des anciens Pays-Bas autrichiens et de la principauté de Liège à la République française : le duché de Luxembourg disparaît et une grande partie de son territoire est incorporée à la France et érigée le 24 octobre 1795 sous le nom de *Département des Forêts*. L'Autriche ne ratifia l'annexion que deux ans plus tard par le traité de Campo-Formio (17 octobre 1797). La présence française allait durer vingt ans.

Dès leur arrivée en terre luxembourgeoise, les républicains entament une politique d'assimilation sans précédent. Le *Directoire* (1795-1799) fait supprimer tant les anciennes institutions – assemblée des États, députation permanente, Conseil provincial, Magistrat de Luxembourg – que les anciens droits et franchises pourtant respectés par les gouvernants étrangers. Le pays est démembré et les territoires nouvellement acquis sont divisés en neuf départements.

Le nord du pays est rattaché au *département de l'Ourthe* (chef-lieu : Liège) et la région de Saint-Hubert, Durbuy, Laroche et Marche à celui de *Sambre-et-Meuse* (chef-lieu : Namur). La direction du département est dévolue à un commissaire central. L'administration territoriale est assurée par une commission de 5 membres. D'abord divisé en 5 arrondissements et 26 cantons, le territoire est ensuite partagé en 4 arrondissements, *Luxembourg*, *Diekirch*, *Bitbourg* et *Neufchâteau* et 28 cantons. Les institutions judiciaires sont calquées sur celles du Directoire : les anciennes juridictions sont remplacées par un *tribunal de paix* dans chaque canton, un *tribunal correctionnel* à Luxembourg, Diekirch, Bitbourg et Habay, et enfin, au sommet, un *tribunal civil unique* et un *tribunal criminel* pour l'ensemble du département à Luxembourg. L'*instance d'appel* est supprimée et les juges, théoriquement éligibles, sont nommés par le pouvoir central. Les changements s'étendirent dans les autres domaines de la vie quotidienne : confiscation des biens des couvents, enlèvement de tous les signes de la féodalité et de la royauté, suppression des ordres religieux, des redevances seigneuriales, des dîmes, des droits de mainmorte, des servitudes et corvées, des banalités et péages. Si l'ensemble de ces réformes exprimait de la part des dirigeants français une ferme volonté de mettre fin à l'Ancien Régime, leur ampleur et leur disparité, trop brutalement imposées par l'occupant, suscitèrent le mécontentement en particulier dans les milieux populaires. L'imposition du système métrique, le remplacement du calendrier grégorien par le calendrier républicain, la suppression des semaines et des dimanches, l'esprit antireligieux de la politique du Directoire heurtèrent les sensibilités d'une population essentiellement rurale et attachée à ses traditions religieuses. Si c'est avec soumission, que dans un premier temps, la population luxembourgeoise se résigne aux exigences de l'occupant, de nouvelles vexations, en revanche, vont la braquer. L'obligation pour les prêtres de prêter le serment de fidélité à la république et de haine à la royauté rejette dans la clandestinité des réfractaires ; l'imposition d'une foule de nouveaux impôts et l'introduction de la conscription en septembre 1798 provoquent un grand mouvement de révolte dans la paysannerie. Des milliers de paysans, tant des cantons « allemands » que « romans », se soulèvent contre l'occupant. Les Luxembourgeois conservent la mémoire de ces événements sous le nom de *Klëppelkrich (Guerre des gourdins).* Cette guerre paysanne, qui avait d'ailleurs aussi ensanglanté d'autres régions des anciens Pays-Bas méridionaux, sera sans lendemain. Mal armés, sans aptitudes militaires et sans organisation, les insurgés sont rapidement défaits par les troupes françaises aguerries. Et, d'ailleurs, que pouvaient espérer les paysans révoltés ? Un retour à l'Ancien Régime ? La fin des persécutions religieuses contre les prêtres réfractaires ? Dans l'ensemble, ils ne furent suivis ni par la partie éclairée de la population, ni par la bourgeoisie favorable à la restriction de l'influence du clergé et attentive aux perspectives qu'offraient les réformes du nouveau régime. Même si le nationalisme du XIXe siècle interpréta cette révolte comme la première manifestation de l'identité nationale, il ne faut sans doute pas y voir autre chose qu'une insurrection contre le régime du Directoire, impie et tracassier.

Par le coup d'État du 18 brumaire de l'an VIII (9 novembre 1799), le général *Bonaparte* renverse le Directoire et inaugure une politique de conciliation et de consolidation des valeurs révolutionnaires. En premier lieu, le Premier Consul s'empressa de réconcilier la République et l'Église. Le Concordat conclu le 15 juillet 1801 entre Bonaparte et Pie VII reconnut le catholicisme comme la religion de la majorité des Français, sans pour autant en faire une religion d'État. La démarche fut particulièrement bien accueillie dans le département des Forêts dont les habitants pouvaient de nouveau exprimer en toute liberté leur attachement aux traditions religieuses refoulées par les persécutions du Directoire. Rattachés au diocèse de Metz, les Luxembourgeois se rallient à leur clergé qui les invite à se soumettre au pouvoir. Bonaparte ne se contenta pas de rétablir le libre exercice du culte catholique ; il engagea à son tour une profonde réforme administrative. Abandonnant le système de l'électivité des fonctions politiques, Bonaparte, nettement moins libéral que le régime antérieur, renforce la concentration des pouvoirs. À la tête du département, il installe un *préfet* chargé de faire exécuter les lois et surveiller l'administration ; il est secondé dans sa tâche par des *sous-préfets*, installés dans chacun des quatre arrondissements luxembourgeois : Luxembourg, Bitbourg, Diekirch et Neufchâteau. Au niveau local, c'est le maire qui, assisté de ses adjoints et entouré du Conseil communal, dirige la commune. Si, dans l'ensemble, la population luxembourgeoise finit par se rallier au nouveau régime, certains déplorèrent néanmoins de ne voir confier les fonctions de haute responsabilité qu'aux seuls Français. Localement, pourtant, l'emploi de l'allemand contraignit le pouvoir français à choisir des représentants parmi les autochtones. Si, sous le Directoire, aucun des quatre commissaires centraux qui se succédèrent ne fut luxembourgeois, 48 commissaires cantonaux sur les 57 que comptait le département furent des ressortissants locaux. De même, durant la période du Consulat et de l'Empire, les trois préfets qui dirigèrent le département des Forêts furent français et deux des quatre sous-préfets furent originaires du pays.

Si la destinée de Napoléon Bonaparte, proclamé empereur en 1804, entraîna une fois de plus la France dans les turbulences de la grande histoire de l'Europe, elle ne favorisa pas particulièrement la bonne fortune du département des Forêts. Comme le reste de la France, la population luxembourgeoise eut à fournir des conscrits pour alimenter les guerres incessantes menées par Napoléon, souffrant de réquisitions et supportant les lourdes conséquences économiques du blocus continental. Près de la moitié des conscrits luxembourgeois disparurent sur les champs de bataille de l'Europe ; quand l'Empire napoléonien s'effondra en 1814, ce fut dans l'indifférence générale.

Si la volonté délibérée des occupants français fut de « fondre » les territoires conquis dans le creuset de la France républicaine et impériale, pour les historiens luxembourgeois les vingt années d'occupation française ne laisseront pas que des souvenirs amers à la population ; elles seront même, selon Gilbert Trausch, *une ouverture salutaire sur le monde moderne.* Dès l'occupation par le Directoire, les principes révolutionnaires et les réformes fondamentales, imposés souvent sans ménagement, vont imprégner la mentalité luxembourgeoise : établissement de l'égalité juridique comme principe intangible ; fusion du droit romain et du droit coutumier et rédaction d'un Code pénal, d'un Code de commerce et surtout du Code civil qui subsiste encore de nos jours ; organisation administrative du territoire en arrondissements, cantons, communes… ; amélioration des conditions sanitaires avec l'introduction et la propagation de la vaccination contre la variole. Dans le domaine culturel, la suppression des maisons religieuses réduit fortement le patrimoine culturel compensé partiellement par la création d'une première bibliothèque publique. Comme ailleurs, le régime français va entraîner un changement fondamental de la société. La noblesse luxembourgeoise, déjà très réduite à la fin de l'Ancien Régime, disparaît du paysage politique et la vente des biens nationaux provenant des confiscations va largement profiter aux notables, fondateurs d'une bourgeoisie d'affaires dont le rôle ira croissant tout du long du XIXe siècle. Enfin, si le clergé séculier continue à exercer une influence sur les masses populaires, l'Église, grandement meurtrie par l'époque révolutionnaire, voit son autorité diminuer sur la classe bourgeoise peu encline à céder aux cléricaux les libertés civiles nouvellement acquises.

CHAPITRE IV

La genèse de l'État. La dynastie Orange-Nassau (1815-1890)

La défaite de Napoléon à Leipzig (1813) et la déroute de Waterloo (1815) mettent fin à l'hégémonie française dans nos régions. Dès janvier 1814, les armées alliées franchissent la Moselle ; la forteresse de Luxembourg est investie par des troupes hessoises. Les grandes puissances européennes, y compris la France, se réunirent en congrès à Vienne (septembre 1814-juin 1815) pour réorganiser l'Europe. Légitimement, les anciens Pays-Bas autrichiens – y compris le duché de Luxembourg – revenaient aux Habsbourg. Ces derniers, peu soucieux de récupérer des territoires trop éloignés de leur capitale, s'empressèrent de les négocier contre la Vénétie et la Lombardie, territoires contigus à l'Autriche. Soucieuses d'isoler la France et d'éviter des velléités expansionnistes toujours possibles, les grandes puissances déclarèrent « territoires vacants » les provinces intégrées anciennement à l'Empire napoléonien. Le Congrès de Vienne décida de réunir les anciennes Provinces-Unies, les anciens Pays-Bas autrichiens et la principauté de Liège, pour former le Royaume des Pays-Bas dont Guillaume d'Orange-Nassau devint le souverain. Quant à l'ancien duché de Luxembourg qui avait disparu, il est reconstitué sur base de son ancienne territorialité, à l'exclusion des terres situées à l'est de la Moselle, de la Sûre et de l'Our et dans l'Eifel qui sont concédées à la Prusse ; en compensation de quatre petites principautés qu'il possédait au nord-est de Coblence (Siegen, Dillenbourg, Hadamar et Nassau-Dietz) et qu'il céda à la Prusse, *Guillaume Ier d'Orange-Nassau* (1815-1840) reçoit le duché luxembourgeois promu au rang de grand-duché et accru d'une partie du duché de Bouillon (art. 67 du Congrès de Vienne). Le nouveau patrimoine des Orange-Nassau s'étend sur 6 900 km^2 et compte 213 000 âmes réparties en deux communautés linguistiques, une francophone et une germanophone. Bien que le nouvel État soit accordé en propriété personnelle à Guillaume Ier, l'Angleterre, soucieuse de faire des Pays-Bas un bastion solide contre la France, milita pour la constitution d'une barrière de forteresses bien armées. Dans ce contexte, la forteresse luxembourgeoise occupa une place de premier choix. Les puissances intégrèrent le Luxembourg dans la Confédération germanique (*Deutscher Bund*) nouvellement créée et qui regroupait une quarantaine d'États ; elles firent de la capitale luxembourgeoise une forteresse fédérale défendue par une garnison prussienne comprenant deux régiments d'infanterie avec des escadrons de cavalerie et de l'artillerie. Par cette disposition, toute atteinte à l'intégrité de Luxembourg provoquerait un conflit avec la Confédération entière. Les signataires du Congrès de Vienne avaient fait du Luxembourg un État indépendant qui, malgré ses liens avec la maison souveraine des Pays-Bas de Guillaume et la présence de la garnison prussienne dans les murs de sa capitale, était régi par un ordre de succession propre et devait légitimement avoir une constitution et une administration propres. Guillaume Ier confondit rapidement union et possession ; par un arrêté royal du 23 août 1815, il amalgama purement et simplement le Luxembourg, la Belgique et la Hollande. Le Luxembourg devint ainsi la *dix-huitième Province* des Pays-Bas sous le regard indifférent des grandes puissances, de la Confédération germanique et des Luxembourgeois. Si le peu de conscience nationale et l'opportunité qu'une telle décision offrait au Grand-Duché de se maintenir dans les courants commerciaux avec Liège et les anciens Pays-Bas purent expliquer l'adhésion des notables luxembourgeois à l'*amalgame* de Guillaume Ier, la masse de la population, c'est-à-dire la paysannerie, eut vite à déchanter.

Guillaume Ier (1815-1840). – Le 21 septembre 1815, Guillaume reçut à Bruxelles le serment d'allégeance des Belges et des Luxembourgeois. L'administration de l'État était constituée des états généraux à deux Chambres – assemblées purement consultatives siégeant chaque année, une fois à Bruxelles et une fois à La Haye – et des états provinciaux ayant à la tête un gouverneur provincial. Depuis mars 1814, la Hollande avait sa loi fondamentale – la *Grondwet* – qui réservait les pouvoirs essentiels au roi grand-duc. Celui-ci, en s'appuyant sur les notables riches et anticatholiques, abandonna le gouvernement du Grand-Duché dans les mains d'étrangers et fervents orangistes. Les débuts du règne de Guillaume furent pourtant marqués par quelques réalisations qui devaient profiter au pays : dans le domaine prophylactique, la vaccination entre 1816 et 1829 contre la variole de 111 721 enfants ; dans le domaine des travaux publics, la réfection de la grand-route entre Luxembourg et Marche-en-Famenne (1827) et le projet – financé en 1828 par la Société générale – de creuser un canal de jonction de 263 km entre la Meuse à la Moselle, *via* l'Ourthe et la Sûre, pour faciliter le commerce du fer entre le Luxembourg et Liège, projet qui avorta à la suite de la révolution belge de 1830 ; enfin, Guillaume encouragea l'agriculture et l'élevage de bétail et redonna vigueur à l'instruction publique en créant une école d'instituteurs et en érigeant un athénée (1817) dans l'ancien collège thérésien qui avait périclité sous le régime français. Malgré ces réformes, le règne de Guillaume Ier ne fut guère apprécié de la population. Imposée dans le cadre d'une conjoncture économique peu favorable – famine importante en 1817, vétusté des techniques sidérurgiques et utilisation du charbon de bois et du minerai de surface –, la politique fiscale outrancière et mal adaptée à l'économie d'un pays peu développé provoqua la grogne et le mécontentement. Alors que le blocus continental promulgué par Napoléon avait favorisé, sous la période française, une intense activité industrielle, la nouvelle politique européenne issue du Congrès de Vienne conduit la France et la Prusse à établir des barrières douanières et coupe le Luxembourg de ses débouchés traditionnels. Le malaise économique fut tel que de nombreux Luxembourgeois durent émigrer. Encore, si les Luxembourgeois avaient eu l'occasion de présenter leurs doléances au gouvernement central ! Mais aucun d'entre eux n'était présent dans la haute administration à La Haye. Malgré l'intensité des griefs à l'égard du pouvoir, l'opposition luxembourgeoise resta sporadique ; ce n'est qu'à la suite du soulèvement des Belges au cours des « journées de septembre » de 1830 que les Luxembourgeois réagirent en ralliant le parti des révolutionnaires. Quelques-uns participèrent aux batailles de rue à Bruxelles et un corps franc luxembourgeois contribua à la libération de Malines. Le 4 octobre 1830, l'indépendance de la Belgique est proclamée ; le 16 octobre, face aux réticences du gouverneur du Grand-Duché, l'orangiste Willmar, de se rallier aux nouvelles autorités belges, le gouvernement provisoire de Bruxelles décida de déclarer le Grand-Duché de Luxembourg partie intégrante de la Belgique, « nonobstant ses relations avec la Confédération germanique et l'occupation de la forteresse par une garnison fédérative ». Le même jour, Willmar fut destitué et remplacé par Jean-Baptiste Thorn, un Luxembourgeois originaire de Remich, qui s'installa avec son administration à Arlon. Guillaume Ier tenta bien de réagir en promulguant, le 31 décembre 1830, une ordonnance qui accordait au Grand-Duché une complète autonomie administrative, mais il était trop tard. La ville de Luxembourg, occupée par la garnison prussienne, resta orangiste et fidèle au souverain légitime. Durant les neuf années qui suivirent, le pays se trouva ainsi divisé en deux camps ennemis, un *parti belge*, majoritaire, et un *parti orangiste.*

La Révolution belge et l'éclatement des Pays-Bas furent un coup de bélier porté dans l'œuvre des diplomates du *Congrès de Vienne.* S'il eût été facile à quelques régiments de balayer les insurgés, personne ne souhaita en prendre l'initiative. Le 4 novembre 1830, les grandes puissances – Angleterre, Autriche, France, Prusse et Russie – se réunirent en conférence à Londres. Le 26 juin 1831, elles décidèrent d'accorder à la Belgique le statut d'État indépendant et neutre (*traité des XVIII articles*). Le prince Léopold de Saxe-Cobourg, oncle de la reine Victoria, fut élu premier roi des Belges par le Congrès national. La question du Luxembourg resta en suspens. En effet, dès le 20 décembre 1830, la Conférence de Londres avait précisé que l'indépendance accordée à la Belgique *ne pourrait affecter en rien les droits que le roi des Pays-Bas et la Confédération germanique exercent sur le Luxembourg*. Peu disposé à se montrer conciliant, Guillaume Ier envahit la Belgique le 2 août 1831 ; celle-ci fut sauvée de justesse par l'intervention d'un corps expéditionnaire français appelé à l'aide par le roi des Belges. Les puissances, réunies à nouveau à Londres le 14 novembre 1831, élaborèrent un nouveau traité (dit des *XXIV articles*) moins favorable aux Belges. Le traité prévoyait le partage du Luxembourg. En échange d'une partie du Limbourg (rive droite de la Meuse et Maastricht) cédée à la Hollande, la partie wallonne du Luxembourg fut attribuée à la Belgique ; la partie germanophone restait acquise au monarque hollandais. Guillaume Ier, qui revendiquait la totalité du territoire luxembourgeois, refusa de reconnaître le traité : les Hollandais continuèrent à occuper certains forts attribués aux Belges dans le nord de la Belgique et les Belges continuèrent d'occuper le Luxembourg. L'occupation de la citadelle de Luxembourg par les troupes prussiennes provoqua, entre le commandant de la place et les autorités belges qui occupaient le reste du territoire, des incidents assez vifs.

Le drapeau belge fut abattu dans plusieurs localités et, en 1832, le gouverneur de la province de Luxembourg, Jean-Baptiste Thorn, fut enlevé par des partisans orangistes. Le coup de théâtre se produisit quand, le 14 mars 1838, le baron Dedel, ministre de Hollande à Londres, se présenta au Foreign Office pour notifier à lord Palmerson que son gouvernement adhérait au traité des XXIV articles. La nouvelle suscita une vive émotion en Belgique d'autant plus qu'au banc du ministère à Bruxelles figuraient trois Luxembourgeois : Édouard d'Huart, Jean-Pierre Willmar et Jean-Baptiste Nothomb. Déçu par le fait de se voir enlever le Limbourg oriental et le Luxembourg germanophone, le gouvernement se résigna néanmoins et le Parlement ratifia le traité de Londres du 19 avril 1839. Ainsi, pour la troisième fois de son histoire, le Luxembourg vit son territoire réajusté : les districts d'Arlon, Bastogne, Marche, Neufchâteau et Virton revinrent à la Belgique et formèrent la *province belge de Luxembourg*. Les frontières du Grand-Duché s'étirèrent sur 350 km dont 140 pour la frontière belge, 70 pour la frontière française et 150 pour la frontière allemande. Alors que, de 1830 à 1839, le Luxembourg avait adopté le tarif douanier belge, il posséda dès 1839, mais pour une courte période seulement, un régime douanier autonome. Le pays ne parvint néanmoins à subsister économiquement que grâce à la loi belge du 6 juin 1839, dite *loi de faveur* ou bien de *condoléance*, qui permettait l'entrée en Belgique, à tarifs réduits, des produits métallurgiques, des tissus, des faïences et des grains luxembourgeois. Par cette mesure, on espérait rétablir au plus vite une union douanière entre les deux pays. Guillaume Ier s'empressa de faire obstacle au projet. Dès la partition, il mit à la tête du Grand-Duché un fonctionnaire allemand, Frédéric Hassenpflug, qui, par l'application d'une politique de germanisation à outrance, tenta d'éloigner au maximum les Luxembourgeois des Belges. D'autre part, il entama dès 1839 des négociations en vue de faire entrer le Grand-Duché dans le Zollverein allemand. Il faudra attendre l'avènement de Guillaume II pour que l'autonomie politique et administrative du Luxembourg, juridiquement confirmée par le traité de Londres du 19 avril 1839, se réalise enfin.

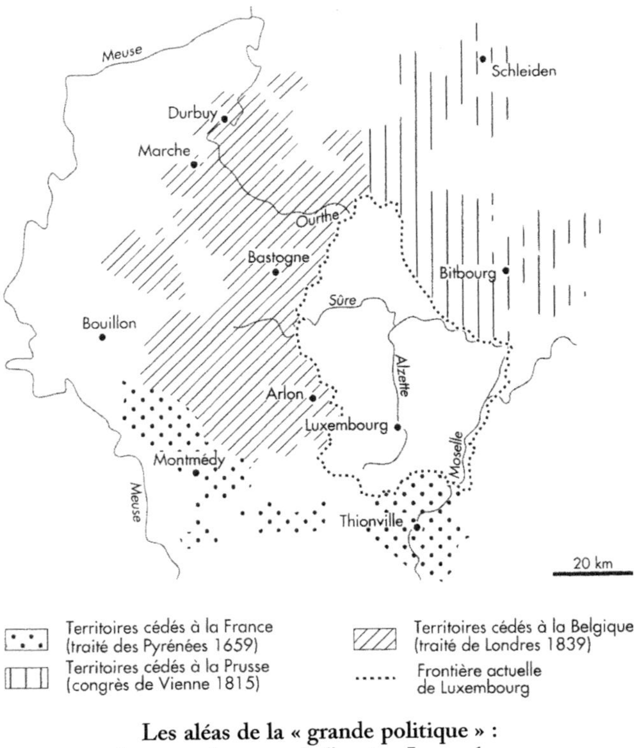

Les aléas de la « grande politique » : les morcelements de l'ancien Luxemburg

G. Trausch, Histoire du Luxembourg, Paris, Hatier, 1992, p. 81.

Guillaume II (1840-1849). – Le 7 octobre 1840, Guillaume Ier abdiqua brusquement en faveur de son fils aîné qui lui succéda sous le nom de *Guillaume II.*

Apparemment soucieux de faire de Luxembourg un véritable État, le nouveau souverain octroie, le 12 octobre 1841, une Charte constitutionnelle au pays et confirme l'autonomie du Grand-Duché par rapport aux Pays-Bas. Rompant avec un passé récent, Guillaume II fit inscrire dans la Charte le vote annuel de la liste civile et l'obligation de soumettre à une Assemblée élue toute création d'un nouvel impôt. Même si le régime garde un caractère d'« absolutisme tempéré » (Paul Margue), si la presse n'est pas libre et si le droit de vote reste réservé à quelques notables, Guillaume II modifie fondamentalement le paysage institutionnel au profit des autochtones. L'organisation administrative préfigure celle qui existe de nos jours : districts, cantons, villes et communes. Un Luxembourgeois, *Théodore-Ignace de la Fontaine*, est nommé gouverneur, et un conseil de gouvernement, présidé par le gouverneur et formé de quatre administrateurs généraux luxembourgeois, remplace l'ancienne commission instituée par Guillaume Ier en 1831. L'égalité entre la langue française et la langue allemande est rétablie et le français devient le langage courant de l'administration. C'est sous le règne de Guillaume II que le Grand-Duché fut érigé en vicariat apostolique par Grégoire XVI (*bref* du 2 juin 1840) et placé sous obédience romaine. Le 31 mai 1845, grâce à la détermination du vicaire apostolique *Mgr Jean-Théodore Laurent* (1804-1884), un séminaire ouvre ses portes à Luxembourg. Il faudra néanmoins attendre le pontificat de Pie IX pour que le pays soit érigé en évêché (27 septembre 1870).

Les réformes internes ne modifient pas les liens que le Grand-Duché a noués avec la Confédération germanique. La capitale conserve sa garnison prussienne, mais Guillaume II crée un contingent luxembourgeois dont les soldats, encadrés par des officiers pour la plupart hollandais, sont tirés au sort et casernés à Echternach et à Diekirch. Soucieux de développer le commerce et l'industrie, le souverain institue en 1841 une *Chambre de commerce* et autorise l'établissement d'un traité d'union douanière belgo-luxembourgeois. Le traité ne fut finalement pas conclu : le ministre belge Jean-Baptiste Nothomb, redoutant de mécontenter la Prusse, coupa court au projet et Guillaume II ratifia – sous la pression internationale de Londres, Vienne et Saint-Pétersbourg –, le 8 février 1842, le traité qui fit entrer le Luxembourg dans l'*Union douanière allemande* (Zollverein) par l'intermédiaire de la Prusse. Bien que le souverain et les milieux d'affaires luxembourgeois, craignant la prussification de leur pays, aient préféré d'emblée des accords avec la France ou la Belgique, ils durent néanmoins se soumettre à la volonté de la Prusse qui souhaitait une union « solide et durable » avec le Luxembourg. La petitesse du pays ne permit pas aux gouvernants de heurter de front un puissant voisin ; cette docilité des gouvernants à l'égard des puissances voisines persista jusqu'au lendemain de la Première Guerre mondiale, sinon au-delà. L'accord, d'abord signé pour quatre ans, fut régulièrement reconduit pendant les soixante années qui suivirent (1847, 1853, 1865, 1872 et 1902) et permit le développement industriel du pays. Profitant du dynamisme économique du partenaire allemand, le Luxembourg exporta d'abord son minerai de fer (un gisement de « *minette* » est découvert en 1842 dans le sud du pays) vers la Sarre, la Ruhr, mais aussi vers les forges belges. La diminution du prix du coke suscitée par l'expansion du réseau ferroviaire, entre 1855 et 1875, et par la suppression des droits d'entrée sur le coke belge (1862), privilégia l'emploi de la minette dans les hauts fourneaux du pays. L'union économique avec la Prusse – c'est cette dernière qui représente le Luxembourg au sein du « *Verein* » – contribua à favoriser le passage de l'activité rurale d'Ancien Régime vers une économie hautement industrialisée valorisée par le développement de la sidérurgie (1870-1890) et plus tard de l'agriculture (1880-1900). Sur le plan monétaire, l'adhésion au Zollverein conduit le Luxembourg à signer la Convention monétaire de Dresde qui autorise l'emploi du *thaler* (monnaie des

États du nord du Zollverein) ou du *gulden* (monnaie des États du Sud). Sur le plan institutionnel, les événements qui troublèrent la France en février 1848 eurent à leur tour des répercussions au Luxembourg. La crise sociale engendrée par deux années de disette, les hausses des prix des produits alimentaires, le ralentissement économique, les pertes d'emplois et les revendications de certains milieux en faveur d'une constitution plus libérale obligèrent le conseil de gouvernement à lâcher du lest. Après avoir accordé la liberté de la presse, le gouvernement convoqua, le 19 avril 1848, une Assemblée constituante. La nouvelle Constitution prit pour modèle la Constitution belge de 1831. Elle se distingua néanmoins par le fait qu'elle n'institua, petitesse du pays oblige, qu'une seule Chambre, réserva au seul législateur le droit de régler tout ce qui concernait l'enseignement et fixa les rapports de l'autorité ecclésiastique avec l'État. Les constituants de 1848, selon l'esprit du temps, maintinrent en place un régime strictement censitaire en limitant l'accès aux urnes à 9 868 électeurs, soit 5 % de la population. À la suite de la nouvelle Constitution eurent lieu, en septembre 1848, des élections qui conduisirent à la Chambre des libéraux progressistes et des catholiques. Les libéraux doctrinaires, en place depuis 1841, furent écartés des affaires et le gouvernement formé sous la présidence de l'ancien gouverneur *Théodore de la Fontaine* démissionna. Il fut remplacé par un ministère libéral présidé par *Jean-Jacques Willmar* (1792-1866), fils de l'ancien gouverneur.

Guillaume III (1849-1890). – Guillaume II meurt à Tilbourg, le 17 mars 1849. Son fils aîné, Alexandre, lui succède sous le nom de *Guillaume III.* Plus autoritaire que son père, il délègue dès 1850 le gouvernement du Grand-Duché à son frère cadet, le prince *Henri des Pays-Bas* (1850-1879), qu'il investit du titre de « prince-lieutenant du roi grand-duc » avec pour mission de veiller aux prérogatives de la couronne face au régime parlementaire. Bien que jouissant d'un tempérament conciliant et affable, Henri n'eut pas un début de règne exempt de difficultés politiques. En 1851, la Diète de Francfort exigea que la constitution de chaque État germanique soit conforme au principe monarchique et aux lois générales de la Confédération germanique. Guillaume III, qui avait toujours jugé la Constitution de 1848 trop démocratique et trop « républicaine », trouva l'occasion favorable d'orienter la politique luxembourgeoise dans un sens plus autoritaire. Le 23 septembre 1853, Guillaume III congédia le gouvernement Willmar pour le remplacer par un nouveau gouvernement présidé par *Mathias Simons* (1802-1874) qualifié de réactionnaire. Rapidement le gouvernement Simons, qui avait reçu pour mission de préparer une révision de la Constitution, se heurta à la Chambre qui mit le gouvernement en minorité (octobre 1856). Le 27 novembre 1852, Guillaume III dissout la Chambre récalcitrante et remplace, sur les conseils d'Otto von Bismarck, la Constitution de 1848 par une Charte non contresignée mais conforme aux principes monarchiques de la Confédération. Le *coup d'État* du roi grand-duc ne provoqua que peu de remous dans la population. Cette Constitution « royale », révisée hors du cénacle parlementaire, subordonna la loi luxembourgeoise à la loi fédérale, restaura la souveraineté monarchique en remplaçant la Chambre par une Assemblée des États, éleva le cens et institua le Conseil d'État dont les membres, nommés par le grand-duc, avaient pour mission de surveiller de près les travaux de la Chambre. Si, par ses dispositions autoritaires, le gouvernement Simons musela la presse et verrouilla les élections, il s'engagea par ailleurs dans des réformes qui assurèrent la prospérité du pays. Le gouvernement accorda une importance particulière aux voies de communication. Des nouvelles routes furent tracées (660 km entre 1843 et 1867) et les premières lignes de chemin de fer construites. En 1857, le gouvernement avait cédé une concession à des financiers français qui fondèrent la Société des chemins de fer Guillaume-Luxembourg. Sans aucun accord du gouvernement luxembourgeois, les capitalistes français cédèrent la construction et l'exploitation de la ligne à la Compagnie française de l'Est. Cette dernière construisit deux grands axes nord-sud et est-ouest qui reliaient d'une part Luxembourg à Thionville (11 juillet 1859), à Arlon (15 septembre 1859) et à Trèves (4 octobre 1859), et d'autre part à Troisvierges, puis Spa et Liège. Deux autres réseaux couvrent le trafic interne. Durant la même période furent créés la Chambre des comptes (1848), la Banque internationale (1856), le Conseil d'État (1856) et la Caisse d'épargne (1859).

Cette prospérité ne tarda pas à attirer les convoitises des puissants voisins. En 1866, le conflit austro-prussien fait voler en éclats la Confédération germanique. Durant le conflit, le Grand-Duché maintint une prudente attitude de neutralité. À la suite du traité de Prague (1866), le Luxembourg, dont l'adhésion à la nouvelle Confédération de l'Allemagne du Nord avait été écartée par Bismarck, recouvra sa souveraineté. Celle-ci est rapidement menacée quand, en 1867, Napoléon III fait une proposition financière à Guillaume III pour le rachat du pays. Favorable à la cession, le roi grand-duc n'osa pourtant pas conclure d'accord sans l'approbation de la Prusse dont un détachement militaire était toujours présent dans la capitale. Bismarck, cherchant une occasion d'entrer en guerre avec Napoléon III, déclara s'opposer à l'annexion d'une *terre allemande*. Le conflit parut inévitable et l'*affaire du Luxembourg* prit l'ampleur d'une crise européenne. Toujours en quête d'une opportunité favorable à sa politique expansionniste, le roi des Belges Léopold II, qui caresse depuis sa jeunesse l'ambitieux projet de « provinces à recouvrer » – le Limbourg et le Luxembourg –, mande durant l'été 1866 le ministre de Belgique à La Haye à faire une démarche auprès du ministre néerlandais des Affaires étrangères en vue d'acquérir le Grand-Duché ; le projet fit long feu. Finalement, les puissances européennes se réunirent une fois de plus en congrès. Par un traité signé à Londres le 11 mai 1867 et ratifié le 21 juin par les 31 parlementaires de l'Assemblée législative luxembourgeoise, le Luxembourg fut déclaré perpétuellement neutre sous la « garantie collective » des Cours de Grande-Bretagne, d'Autriche, de France, de Prusse, de Russie, d'Italie et des Pays-Bas. À la suite de quoi, la forteresse fut démantelée, le pays démilitarisé et la garnison prussienne évacuée de la ville. Partageant en cela le destin de la Belgique, le Grand-Duché de Luxembourg devenait un État-tampon entre la France et la Prusse. Le démantèlement de la forteresse dura de 1867 à 1878 ; il s'ensuivit une rapide expansion urbanistique et un important accroissement de la population qui entraînèrent le développement de l'activité industrielle autour de la capitale. Si le traité de 1867 émancipa le Luxembourg de ses liens politiques avec l'Allemagne, le pays se maintint néanmoins dans la mouvance du Zollverein et conserva le statut d'union personnelle qui le liait aux Pays-Bas.

La guerre de 1870 entre la Prusse et la France va être l'occasion d'apprécier la portée réelle accordée par les belligérants à leurs engagements diplomatiques. Les Allemands, pénétrant en France par la Lorraine, respectèrent la neutralité de la Belgique et du Grand-Duché. De son côté, le gouvernement luxembourgeois, conscient des obligations de son statut international, garda la plus stricte impartialité à l'égard des deux parties et borna son action à organiser des secours humanitaires pour les blessés des deux camps. L'Allemagne, profitant de sa victoire sur Napoléon III, obtint de la France (traité de Francfort, mai 1871) sa renonciation à la Compagnie de l'Est et par le traité de Berlin (11 juin 1871), le Luxembourg céda l'exploitation du Guillaume-Luxembourg au gouvernement allemand.

Les années qui suivirent le conflit franco-allemand furent paisibles sur le plan politique et prospères sur le plan économique. Le Luxembourg connut un régime parlementaire stable qui assura la longévité des gouvernements – *Emmanuel Servais* fut président

du gouvernement de 1869 à 1876, *Félix de Blochhausen* de 1876 à 1885 et *Paul Eyschen* de 1892 à 1915 – et la progression économique du pays fut constante. La Banque nationale est créée le 10 janvier 1873 sur le modèle de la Banque nationale de Belgique. Alors que l'agriculture, concurrencée par les pays d'outre-mer, connut une crise jusqu'en 1890, elle se redressa grâce aux progrès techniques et à une politique protectionniste sur le blé, la viande, le bétail et le bois. Par la suite, les paysans luxembourgeois orientèrent leurs productions vers la viande et les produits laitiers. Les sous-produits fournis par les scories Thomas, exportées en Allemagne en contrepartie de potasses, procurèrent des engrais qui contribuèrent amplement à fertiliser les terres ardennaises. L'exportation des excédents – notamment la viande de porc et le beurre – vers la Rhénanie et la Lorraine assura un *hinterland* propice pour les exportations agricoles. De même, la plus grande part de la production viticole luxembourgeoise s'écoula vers la Basse-Moselle et le Palatinat pour servir de coupage aux vins allemands.
L'afflux de capitaux allemands, l'exploitation des richesses minières du bassin d'Esch-sur-Alzette, l'utilisation d'inventions modernes, notamment le procédé *Thomas-Gilchrist* à partir de 1879, et une immigration importante – des Allemands dès 1870 et des Italiens dès 1890 – contribuèrent à faire de la sidérurgie luxembourgeoise une des plus importantes d'Europe. Cinq grandes sociétés vont voir le jour entre 1870 et 1890 : la Société des hauts-fourneaux luxembourgeois (1870), la Société des hauts-fourneaux de Rodange (1872), la Société des hauts-fourneaux de Hollerich (1877), la Société des hauts-fourneaux de Rumelange (1880) et la Société des hauts-fourneaux et forges de Dudelange (1882). Entre 1886 et 1914, le nombre de hauts-fourneaux passa de 21 à 47 et leur production évolua de 300 644 t à 1 827 270 t. Durant la même période, la production de l'acier crût de 20 654 t à 1 136 495 t, et la production de fonte de 2 585 t à 22 954 t. Si, par le développement de sa sidérurgie, le Luxembourg trouva sa place dans le concert des puissances industrielles européennes, certains Luxembourgeois furent aussi amenés à exporter leurs talents au-delà des frontières. Ainsi, l'ingénieur métallurgiste luxembourgeois *Eugène Ruppert* (1864-1950) devint, dès 1893, directeur de hauts-fourneaux de Hanyang, sur la rive droite du fleuve Han. S'entourant de techniciens luxembourgeois, il contribua largement au développement de la sidérurgie dans cette région de la Chine.

À la suite de l'annexion de la Lorraine en 1871, les produits sidérurgiques luxembourgeois subirent une concurrence redoutable. La suppression des droits de douane par l'Allemagne en 1873 et la surproduction provoquèrent un retournement de conjoncture amplifié par l'arrivée de la fonte anglaise. Le rétablissement des droits de douane en 1879 mit fin à cette crise. Dès cette époque, des cartels se formèrent en vue de réglementer le marché sidérurgique : en 1879, est constitué un syndicat de la fonte lorraine et luxembourgeoise (*Lothringisch-Luxemburgisches Roheisensyndikat*) et en 1889 le syndicat de l'acier (*Lothringisch-Luxemburgischer Stahlwerksverband*). Cet essor inattendu, qui plaça le Grand-Duché parmi les leaders européens de la production sidérurgique, remodela le paysage industriel et fit disparaître bon nombre d'anciennes activités artisanales. Il contribua en revanche à consolider d'autres activités comme les ateliers de construction mécanique, la tannerie, la ganterie, la brasserie, la faïencerie, les tabacs et les ardoisières.

Le prince Henri décéda sans descendance le 13 janvier 1879. Guillaume III présida encore quelques années aux destinées du Luxembourg mais, faute d'héritiers mâles, sa mort survenue le 23 novembre 1890 mit fin à l'union personnelle entre les Pays-Bas et le Luxembourg.

CHAPITRE V

De la dynastie nationale au lendemain du second conflit mondial (1890-1947)

Une dynastie nationale : des Nassau-Weilbourg aux Luxembourg. – Un pacte familial conclu en 1783 entre les différentes branches de la famille Nassau excluait toute succession féminine tant qu'il subsistait des descendants dans les autres Maisons de Nassau. À la mort de Guillaume III et en vertu de la décision du Congrès de Vienne de faire du Luxembourg un bien patrimonial des Nassau, c'est *Adolphe* (1890-1905), de la branche des Nassau-Weilbourg, qui devint grand-duc de Luxembourg. Avant d'accéder au trône, il avait déjà occupé, en 1889, les fonctions de duc-régent du Grand-Duché. Malgré les inquiétudes de certains de voir un prince allemand devenir souverain du pays, Adolphe ne poursuivit aucune politique pangermaniste et respecta strictement la neutralité et les institutions nationales. Âgé de 73 ans lors de son accession au trône, Adolphe passa le plus clair de son temps dans ses résidences d'Allemagne et n'eut guère le temps de s'acclimater à son nouveau pays. Il laissa le ministre d'État *Paul Eyschen* (1841-1915) traiter les affaires du pays. Ce dernier eut une carrière particulièrement longue – quarante-neuf ans de vie publique – et brillante. Attentif à mener une politique extérieure qui maintînt intacte la neutralité du Luxembourg, il se montra tout aussi avisé en politique intérieure et laissa à ses contemporains le souvenir d'un homme politique intègre.

À la mort du grand-duc Adolphe en 1905, c'est son fils *Guillaume IV* (1905-1912) qui, à 53 ans, accède au trône. Arrivé d'Allemagne en 1889, il est encore célibataire à 36 ans et de santé fragile. Il épouse Marie-Anne de Bragance (1861-1942), infante du Portugal, fille du roi Miguel exilé au Grand-Duché de Bade. Elle lui donna six filles – Marie-Adélaïde (1894), Charlotte (1896), Hilda (1898), Antonia (1899), Élisabeth (1901), Sophie (1902) –, mais pas le prince espéré. Une fois de plus se posa le problème de la succession. La dynastie Nassau-Weilbourg étant la dernière branche des Nassau, elle-même sans mâle, Guillaume fit changer en 1907, avec l'approbation de la Chambre des députés, le pacte familial de 1783 pour pouvoir assurer la transmission de la couronne par les femmes, en respectant la primogéniture. Le jour de la mort du grand-duc Guillaume, le 25 février 1912, c'est *Marie-Adélaïde*, une frêle jeune femme de presque 18 ans, qui monte sur le trône. Première souveraine d'une lignée vraiment nationale, la jeune souveraine connut un règne difficile. Commencé dans l'allégresse, il finira douloureusement quand elle sera contrainte à l'abdication en 1919.

La grande-duchesse eut à affronter rapidement des problèmes de politique intérieure liés à la montée de nouveaux courants politiques. Les socialistes, qui apparurent au Luxembourg à la fin du XIXe siècle, constituèrent entre 1902 et 1903, sur le modèle de la social-démocratie allemande, le parti social-démocrate dont les membres, ouvriers et artisans salariés, revendiquèrent le suffrage universel et une législation sociale. Une ligue libérale se constitua en 1904 et les élections de 1908 offrirent un franc succès au « Bloc des gauches ». Les années 1911 et 1912 furent marquées par des querelles autour de la *question scolaire*. La nouvelle loi scolaire, visant à une certaine sécularisation de l'enseignement, fut votée malgré l'opposition du milieu ecclésiastique. La souveraine attendit un mois avant de la ratifier. Soupçonnée par les forces de gauche – libéraux et socialistes – de vouloir soutenir la droite, la grande-duchesse s'aliéna les sympathies de la majorité libérale et la Couronne sortit amoindrie du conflit. Les tensions internationales qui suivirent et les ténèbres qui s'amoncelèrent sur les nations européennes allaient avoir raison du destin de la jeune souveraine.

Le Luxembourg dans le premier conflit mondial (1914-1918). – Le 28 juin 1914, le nationaliste serbe Gavrilo Princip assassinait à Sarajevo l'archiduc François-Ferdinand, héritier du trône des Habsbourg. Les coups de feu mortels tirés par Princip firent basculer l'Europe dans la Première Guerre mondiale.

Malgré la neutralité garantie par le traité de Londres de mai 1867 et les déclarations de bonnes intentions clamées par Bismarck à la Diète d'Allemagne du Nord en septembre de la même année, le Chancelier allemand Theobald von Bethmann-Hollweg s'empressa de déchirer les *chiffons de papier*. Le 2 août 1914, les troupes allemandes envahissaient le sol luxembourgeois : la ligne de chemin de fer qui va de Luxembourg à Longwy et Verdun est une voie de ravitaillement stratégique pour l'invasion de la France et la sidérurgie une ressource essentielle pour les industries d'armement allemandes. Neutre et désarmé, hormis les 360 hommes qui formaient la Compagnie des Volontaires et la Gendarmerie, le pays n'eut pas d'autre solution que de s'insurger verbalement contre cette violation du droit des peuples. La grande-duchesse protesta auprès du *Kaiser* Guillaume II et le ministre d'État Paul Eyschen s'empressa d'adresser un télégramme au chancelier de l'Empire. En vain ! Si, après l'invasion allemande, le gouvernement luxembourgeois maintint – y avait-il un autre choix possible ? – une politique de neutralité à l'égard de l'occupant, ses voisins s'empressèrent à nouveau de soulever la question luxembourgeoise. Le Français Poincaré s'interrogea sur l'avenir du pays, le chancelier allemand Bethmann-Hollweg envisagea d'en faire un État fédéral et le ministère des Affaires étrangères de

Belgique s'empressa de l'inclure dans ses revendications territoriales. Au Luxembourg, l'occupation militaire allemande devint rapidement prégnante. Les troupes allemandes se concentrèrent à Luxembourg pour mener leurs opérations en Belgique et en France ; Guillaume II s'installa pendant quelques semaines avec son grand quartier général dans la capitale et profita des circonstances pour se faire recevoir par Marie-Adélaïde. D'aucuns, après la fin des hostilités, firent grief à la souveraine d'avoir reçu le Kaiser et ses généraux. Ceux-là mêmes oublièrent bien vite que la jeune grande-duchesse profita de cette opportunité pour faire commuer des condamnations à mort prononcées contre des Luxembourgeois, des Français et des Belges. L'occupation s'accompagna rapidement d'un cortège de calamités : difficultés de ravitaillement, rationnement, hausses des prix, chômage, marché noir et misère ouvrière. De son côté, l'état-major allemand, indifférent aux prérogatives de la souveraine et de la Chambre, imposa ses décisions dans tous les domaines qui touchaient les intérêts de l'Allemagne. Il fit arrêter et traduire des civils luxembourgeois devant des tribunaux militaires, interdit l'envoi de représentants diplomatiques à l'étranger, obligea l'État luxembourgeois à se ravitailler par l'intermédiaire de l'« Office central d'achat » de Berlin et utilisa, contrairement à une clause du traité du 11 juin 1872 sur le chemin de fer, les voies ferrées nationales pour ses propres besoins stratégiques.

Le décès inopiné de Paul Eyschen, le 12 octobre 1915, ajouta à la confusion du moment. La désunion politique engendrée par les oppositions partisanes entre gauche et droite s'accentua quand la souveraine tenta d'imposer à la majorité de gauche un cabinet de droite en confiant au catholique *Hubert Loutsch* la charge de former un nouveau gouvernement. Le gouvernement Loutsch, mis en minorité à la Chambre, persuada Marie-Adélaïde de faire usage de son droit de dissolution. Les élections du 23 décembre 1915 affaiblirent le cartel libéral-socialiste et renforcèrent la position de la droite. Il fallut former dès février 1916 un gouvernement de coalition dont *Victor Thorn* assura la présidence. L'intervention maladroite de la Couronne, considérée par certains comme un « coup d'État de la grande-duchesse », attira sur Marie-Adélaïde la haine de la gauche et en particulier celle des libéraux. Thorn ne resta que seize mois aux affaires et fut remplacé par *Léon Kauffman*. Ce dernier démissionna à son tour en septembre 1918 à l'annonce des fiançailles malencontreuses de la princesse Antonia, troisième fille de Marie-Anne de Bragance, avec Rupprecht, prince héritier de Bavière et chef de l'armée allemande en Flandre.

La crise sociale engendrée par la guerre et les hésitations du gouvernement à s'engager dans une véritable politique de redressement économique poussèrent les ouvriers de la métallurgie à s'organiser en syndicats. Le 1er septembre 1916 fut fondé le syndicat neutre « *Luxemburger Berg – und Hüttenarbeiter-Verband* » et, le 3 septembre 1916, les ouvriers socialistes créèrent le « *Metallarbeiterverband* ». Le syndicalisme luxembourgeois était né. À côté du syndicat neutre apparut en 1917 un nouveau parti populaire, le « *Freie Volkspartei* ». Les élections de 1918 ne permirent pas de dégager une majorité absolue et obligèrent la formation d'un gouvernement d'union nationale (droite, libéraux, socialistes et parti populaire) ; la présidence fut attribuée au catholique *Émile Reuter* (1874-1973). C'est ce gouvernement qui dut affronter la crise politique qui surgit au lendemain du premier conflit mondial.

La crise de l'après-guerre (1918-1919). – Les turbulences révolutionnaires qui secouèrent les trônes européens au lendemain de la Grande Guerre n'épargnèrent pas la couronne luxembourgeoise. À l'automne 1918, les généraux allemands demandèrent l'armistice ; le 9 novembre, Guillaume II abdiquait et la république fut proclamée à Berlin. Le 10 novembre 1918 se forma à Luxembourg un soviet,

Conseil d'ouvriers et de paysans, qui s'empressa d'exiger l'abdication de la grande-duchesse, la déposition des Nassau-Bragance et proclama la création d'une république populaire. Si le mouvement de rue ne fit pas long feu, il eut des répercussions dans le milieu parlementaire. À la Chambre, la gauche, prêtant à la souveraine des sentiments germanophiles, réclama la déchéance de la dynastie. La motion fut rejetée de justesse (21 contre 19 et 3 abstentions), mais la Chambre proposa au gouvernement de soumettre la forme future de l'État (dynastie ou république) à un référendum populaire. Premier pays envahi, le Luxembourg fut le dernier à être libéré. On affirme que les troupes américaines entrèrent les premières à Luxembourg, suivies le lendemain 21 novembre des troupes françaises du maréchal Foch. Cependant, selon David Heal, une photo dans les archives de la capitale montre l'arrivée des premiers soldats français et porte la date du 12 novembre 1918. À la fin du mois de décembre, le gouvernement luxembourgeois ayant dénoncé le Zollverein, Émile Reuter fit une démarche à Paris pour tenter d'y conclure un accord économique. Pichon, le ministre français des Affaires étrangères, consentit à le recevoir à titre personnel, mais pas en tant que ministre d'une souveraine qui *s'était gravement compromise avec les ennemis de la France.* Alors que les Alliés se montraient ouvertement hostiles à l'égard de Marie-Adélaïde et encourageaient les courants annexionnistes luxembourgeois, à la Chambre des députés les partis restaient âprement divisés sur la question de la dynastie. Si, à gauche, socialistes et libéraux firent farouchement campagne contre le maintien du régime monarchique, déclarant lui préférer une union étroite du Luxembourg avec la Belgique (côté libéral) ou l'absorption par la France (côté socialiste), la droite catholique, quant à elle, persista à défendre l'indépendance et la monarchie. Le 9 janvier 1919, profitant d'une mutinerie de la petite compagnie des volontaires luxembourgeois contre ses officiers, la gauche tenta un coup de force en formant un *Comité de salut public* et proclama la république devant une foule indifférente. Craignant des manifestations populaires, le président de la Chambre, François Altwies, fit appel aux soldats français pour maintenir le calme. L'insurrection, privée de son soutien populaire, échoua et la compagnie de volontaires fut dissoute. Quant à la grande-duchesse Marie-Adélaïde, devenue inacceptable tant pour les gouvernements alliés que pour une large partie des forces politiques du pays, elle abdiqua le 9 janvier 1919. Elle céda le trône, avec l'assentiment d'une large majorité de la Chambre, à sa sœur *Charlotte* (1896-1985), seconde fille du grand-duc Guillaume, et quitta le pays le 28 janvier. Après avoir pris le voile au couvent des Carmélites de Modène, en Italie, Marie-Adélaïde dut quitter cet ordre trop rigoureux pour sa faible constitution et rejoignit les « Petites Sœurs des Pauvres » à Rome. Souffrante, elle retourna passer les derniers temps de sa brève existence dans la résidence de Hohenburg en Bavière. Elle y décéda à la fleur de l'âge, le 24 janvier 1924, et y fut inhumée. Sa dépouille fut rapatriée en terre luxembourgeoise le 21 octobre 1947 et repose depuis dans la crypte grand-ducale de la cathédrale de Luxembourg.

Le 6 novembre 1919, la grande-duchesse Charlotte de Luxembourg épousa son cousin, *Félix de Bourbon-Parme*, fils du duc Robert de Parme et de Marie-Antonia de Bragance, sœur de la grande-duchesse Marie-Anne de Bragance. De ce mariage naquit, le 5 janvier 1921, *Jean de Luxembourg*, souverain du pays de 1964 à 2000, année où il abdique en faveur de son fils Henri, l'actuel grand-duc.

D'une guerre à l'autre (1919-1940). – L'abdication de Marie-Adélaïde et l'accession de Charlotte au trône, le 15 janvier 1919, n'atténuèrent ni les ressentiments des Alliés à l'encontre du Grand-Duché ni les tendances annexionnistes exprimées par les trois pays voisins pendant la « Grande Guerre ». En Belgique, un article du journal progouvernemental de droite *Le XXe siècle*, daté du 31 décembre 1918, déclara sans ambages : « La situation, aujourd'hui, est telle que le Grand-Duché... se transformera en un petit département français ou une grande province belge. Que le Grand-Duché choisisse ! » Dès le début de l'année 1919, le gouvernement belge, craignant de voir le Luxembourg tomber dans la sphère d'influence française, déclencha une vaste campagne de propagande afin de convaincre les Luxembourgeois de l'intérêt que pouvait représenter une union avec la Belgique et persuader les gouvernements alliés que les Luxembourgeois étaient favorables à cette union. Déjà, en juillet 1917, le Belge Jules Destrée, membre de la Chambre des représentants de Belgique, avait signé un article dans la *New Europe* de Londres et dans la *Vita Italiana* de Rome dans lequel il déclarait : « En préconisant aujourd'hui le retour du Grand-Duché à la Belgique, j'entends n'avoir d'autre point de vue que celui de toutes les démocraties : le droit des peuples à disposer d'eux-mêmes... Les gens du Grand-Duché de Luxembourg seraient heureux d'être rattachés à la Belgique. » Malgré plusieurs tentatives de la diplomatie belge de convaincre les Alliés de ne pas reconnaître la nouvelle grande-duchesse, l'accession de Charlotte au trône ruina les projets politiques d'annexion ou d'union personnelle préconisés par la Belgique. Le 13 février 1919, les Belges se résignèrent à reconnaître Charlotte. Si, pour le gouvernement belge, toute tentative d'union politique s'avéra dorénavant impossible, il ne perdit pourtant pas l'espoir de voir aboutir une union économique. Sa ténacité se verra récompensée.

Par un arrêté du 11 décembre 1918, le gouvernement luxembourgeois mit le mark hors cours et procéda à l'échange des 200 millions de marks circulant sur le territoire contre des Bons de caisse luxembourgeois. Le 19 décembre, le Luxembourg dénonçait, sous peine d'*indisposer les Alliés*, le traité le liant au Zollverein. Malgré l'avantage qu'apportait une économie relativement complète, *le Luxembourg avait contre lui l'exiguïté de son territoire* (Luc Hommel), et l'exiguïté du marché intérieur ne permettait pas d'envisager la constitution d'une entité économique autonome. Afin d'assurer les marchés nécessaires à l'économie et les matières premières indispensables au fonctionnement de l'industrie, le gouvernement luxembourgeois fut contraint de rechercher un nouveau partenaire économique. L'Allemagne étant d'office écartée par sa défaite, il fallut choisir entre les deux autres voisins, la France et la Belgique. De prime abord, les Luxembourgeois se montrèrent favorables à une union franco-belgo-luxembourgeoise, mais le projet fut jugé irréalisable. Parmi les acteurs économiques, les avis divergeaient : alors que les sidérurgistes penchaient pour une alliance avec la France, les viticulteurs préféraient un accord avec la Belgique. Le gouvernement d'Émile Reuter décida d'organiser une consultation populaire. Le référendum eut lieu le 28 septembre 1919 et porta sur la double question du maintien de la dynastie et de l'orientation vers un nouveau partenaire économique. À la question de savoir si les Luxembourgeois voulaient maintenir la grande-duchesse régnante ou opter pour un régime républicain, près de 80 % de la population se prononcèrent en faveur de Charlotte ; à la question de savoir si les Luxembourgeois préféraient une union avec la France ou une union avec la Belgique, 73 % se déclarèrent pour la France. La *question luxembourgeoise* était désormais tranchée. Si l'option dynastique ne suscita aucune difficulté, le résultat économique mena droit à une impasse. En effet, déjà au cours des hostilités, en 1917, la France avait discrètement assuré la Belgique de son désintéressement à l'égard du Luxembourg. Le 10 mai 1920, le gouvernement français fit savoir à Émile Reuter qu'il déclinait l'offre d'union économique avec le Luxembourg. Il ne resta plus au gouvernement luxembourgeois qu'à se tourner vers son voisin belge. Le lendemain du désistement français, Émile Reuter se rendit à Bruxelles pour entamer les négociations avec le ministre des Affaires étrangères, Paul Hymans. La Convention d'union économique belgo-luxembourgeoise (UEBL), paraphée le 25 juillet 1921, n'aboutira qu'au terme de quatorze mois de négociations longues et difficiles. Après des débats houleux entre la droite et les libéraux, le *mariage de raison* avec la Belgique fut enfin approuvé par la Chambre des députés luxembourgeoise le 22 décembre 1922. Conclu pour une durée de cinquante ans, le traité dépassa largement le cadre d'une simple union douanière et établit une communauté de recettes entre les deux pays tant pour les douanes que pour les accises. Le rapport des forces donna le leadership à la Belgique qui acquit la faveur de conclure les traités de commerce, de faire admettre son franc comme monnaie de l'Union et de voir siéger les deux organes chargés du fonctionnement administratif – le *Conseil administratif mixte* et le *Conseil supérieur de l'Union* – à Bruxelles. Dès 1935 s'ajoutèrent une *Commission administrative mixte* chargée de la politique commerciale commune et un *Collège arbitral permanent* chargé de défendre les intérêts vitaux luxembourgeois. Le Luxembourg obtint le privilège de conserver son droit régalien d'émettre des signes monétaires, d'être consulté par Bruxelles pour tous les traités de commerce et les accords économiques, de réserver aux seuls Luxembourgeois les fonctions d'agents de douane sur son territoire (ce qui n'avait pas été le cas au temps du Zollverein) et, enfin, de faire subventionner son agriculture. Si l'union belgo-luxembourgeoise n'eut jamais l'importance acquise jadis par le Zollverein, elle permit néanmoins de sortir l'économie nationale de l'isolement dans lequel le premier conflit mondial l'avait plongée et de donner au pays une certaine dimension sur le plan politique. L'élargissement de l'économie luxembourgeoise à l'espace économique belge, puissamment industrialisé et antiprotectionniste, exigea de nombreuses adaptations de la part du Luxembourg habitué au protectionnisme. Si l'agriculture luxembourgeoise, fortement concurrencée par l'agriculture belge, put bénéficier de mesures assurant sa sauvegarde, la viticulture fut contrainte de réorienter fondamentalement ses objectifs de production. Alors que, du temps du Zollverein, l'essentiel de la production viticole luxembourgeoise était destiné à la fabrication du champagne allemand, les vignerons de la Moselle durent veiller à produire des vins de consommation de meilleure qualité. Pour réaliser ce projet, il fallut remembrer les parcelles, introduire de nouveaux cépages – riesling, riesling-sylvaner, pinot et auxerrois – et réduire la surface viticole. Afin d'améliorer la qualité des vins, on créa en 1925 une station viticole de l'État et on encouragea la production de produits de qualité par l'attribution d'une distinction appelée *Marque nationale.* Pour accroître la commercialisation de leur production, les vignerons s'étaient organisés, dès 1921, en coopératives.

Ce sera dorénavant le marché intérieur qui offrira le principal débouché à la production viticole luxembourgeoise. En ce qui concerne la sidérurgie, pan principal de l'industrie nationale, la sortie du Zollverein priva le Luxembourg du marché allemand qui avait largement contribué à sa prospérité. Le retour de la Lorraine à la France désagrégea le vaste complexe industriel Luxembourg-Lorraine-Sarre et les usines allemandes revendirent leurs établissements luxembourgeois à des consortiums financiers franco-belgo-luxembourgeois. La société sidérurgique *Terres Rouges*, fondée en 1919 par Schneider, la Banque de Bruxelles et l'ARBED, acquiert les anciennes usines allemandes d'Esch et de Belvaux, et la société HADIR (Hauts-fourneaux et aciéries de Differdange, Saint-Ingbert et Rumelange), fondée par la Société générale de Belgique, reprend celles de Differdange. Alors que le marché français est fermé par des droits de douane et le marché belge saturé par sa propre production, la sidérurgie luxembourgeoise se voit obligée de trouver de nouveaux débouchés ailleurs en Europe, en Amérique et en Asie. Parmi les personnalités du monde industriel qui œuvrèrent à l'expansion de la sidérurgie nationale, le Luxembourgeois *Émile Mayrisch* (1862-1928) tint une place prédominante. Fils d'un médecin bien intégré dans le milieu politico-économique local, cet ancien étudiant de l'École polytechnique d'Aix-la-Chapelle gravit les échelons de la hiérarchie sidérurgique dans les usines de Dudelange et de Rodange. Il contribua, avec l'aide du Belge Gaston Barbanson, à la fondation de l'ARBED (Aciéries réunies Burbach, Eich et Dudelange), qui devint un des principaux groupes métallurgiques d'Europe et dont il fut le premier directeur technique (1911). Mayrisch fonda des sociétés au Brésil et en Argentine et devint membre du Conseil supérieur de l'UEBL (1922). Convaincu que la pacification des relations franco-allemandes ne pouvait être que profitable à la sidérurgie luxembourgeoise, il parvint à faire accepter, le 30 septembre 1926, une *Entente internationale de l'acier* chargée de contingenter, selon un mode d'amendes et de bonifications, la production des cinq grands producteurs sidérurgiques : l'Allemagne, la France, le Luxembourg, la Belgique et la Sarre. En 1927, les producteurs autrichiens, hongrois et tchécoslovaques s'y rallient. Le siège fut établi à Luxembourg et l'accord se maintint jusqu'au 1er octobre 1930. À côté des négociations économiques, Émile Mayrisch s'efforça, aidé par son épouse Aline de Saint-Hubert, de favoriser le rapprochement culturel entre la France et l'Allemagne. Il fonda, en mai 1926, le *Comité franco-allemand d'information et de documentation* avec un bureau à Berlin et un autre à Paris et reçut en son château luxembourgeois de Colpach les élites économiques, intellectuelles et artistiques des deux pays, tels André Gide, Paul Claudel, Jules Romains, Henri Michaux, Karl Jaspers ou encore Jean Schlumberger. La mort accidentelle de l'industriel de Colpach survenue le 5 mars 1928 et la montée des nationalismes anéantiront les efforts de ce maître de forges visionnaire et précurseur d'une Europe encore lointaine.

Si les années 1926-1929 furent prospères pour l'activité sidérurgique, le pays n'échappa pas à la grande dépression économique de l'entre-deux-guerres. Dès 1929, les prix de l'acier s'effondrent. Malgré le ralentissement de la conjoncture et la stagnation du pouvoir d'achat des ouvriers, le Luxembourg parvint à surmonter sans trop de difficultés les crises sociales qui affectaient douloureusement les États voisins. Alors que le chômage tourmentait le prolétariat des pays industrialisés, les licenciements au Luxembourg frappèrent surtout les ouvriers étrangers. Leur part dans l'industrie sidérurgique était passée de 40 % en 1930 à 20 % en 1939. Ce renvoi, parfois moyennant aides financières, des chômeurs étrangers vers leurs pays d'origine servit de régulateur à l'économie en crise.

Sur le plan national, les élections législatives de mars 1925 mettent fin à la majorité que la droite avait connue entre 1921 et 1925. Pendant quinze mois, *Pierre Prum* présida un gouvernement composé de socialistes et de libéraux ; la chute de ce gouvernement en juin 1926 marqua le retour de la droite au pouvoir. De 1926 à 1945, le pays fut dirigé par des gouvernements de coalition axés autour de trois groupements politiques : les catholiques, à droite, qui prennent le nom de « parti social-chrétien » (CSV, *Chreschtlech sozial Vollekspartei*) en 1944 ; les « radicaux » libéraux, rebaptisés « Parti démocrate » après 1945 ; les socialistes, qui deviennent « Parti ouvrier » dès 1924. Si la droite fut, et reste toujours, la force politique la mieux représentée dans le pays, elle dut bien souvent partager le pouvoir avec les libéraux ou avec les socialistes, voire les deux. Comme pour son voisin belge, consensus et compromis furent le plus souvent la règle des nombreux gouvernements de coalition.

Entre 1926 et 1945, deux personnalités marquèrent incontestablement la politique luxembourgeoise : *Joseph Bech* (1887-1975) et *Pierre Dupong* (1885-1953). Le premier fut président de la coalition gouvernementale catholico-libérale entre 1926 et 1937, et le second, président de la coalition catholico-socialiste entre 1937 et 1945. Joseph Bech, dont le nom reste intimement lié à ceux des pères fondateurs de l'Europe, contribua largement à faire connaître le Luxembourg sur l'échiquier international. Sur le plan intérieur, le gouvernement Bech veilla à adapter l'agriculture luxembourgeoise aux nouvelles orientations imposées par l'union avec la Belgique. L'État assura des aides substantielles aux agriculteurs, développa l'enseignement agricole et encouragea la création de coopératives. Sur le plan monétaire, le gouvernement stabilisa le franc en assurant son ancrage à la livre sterling, négocia avec la Belgique la mise en circulation de signes monétaires nationaux, adopta, à l'instar de certains cantons suisses, un régime fiscal favorable aux sociétés « holding » et fonda la *Bourse de Luxembourg*. C'est au cours de cette période que le Crédit lyonnais et le Crédit industriel d'Alsace et de Lorraine installèrent des filiales dans la capitale. En 1937, après onze ans de pouvoir, Joseph Bech démissionne. À la suite du rejet par voie référendaire de son projet de loi qui visait à faire interdire les partis d'extrême gauche, loi qualifiée de « *muselière* », Bech céda la place à un nouveau gouvernement dont Pierre Dupong, précédemment ministre des Finances, devint le président. Sous son ministère, il avait assaini le secteur financier et séparé le franc luxembourgeois du franc belge lors de la dévaluation belge de 1935, introduit la notion de contrat collectif entre le patronat et le monde ouvrier, agi en faveur du secteur agricole et mené une politique sociale dont toutes les classes de la population luxembourgeoise bénéficièrent largement. Pierre Dupong dirigea les gouvernements jusqu'à son décès en 1953.

Sur le plan international, l'entre-deux-guerres vit la diplomatie luxembourgeoise très active à assurer la sécurité du pays. Au lendemain du premier conflit mondial, les tensions restaient vives entre les belligérants. Pour tenter d'établir des garanties mutuelles d'indépendance politique et d'intégrité territoriale entre les États, le président américain Wilson fit adopter le projet de créer une organisation internationale pour le maintien de la paix mondiale. Cet organisme international, la *Société des nations* (SDN), vit officiellement le jour lors de l'entrée en vigueur du traité de Versailles, le 10 janvier 1920. Si le Luxembourg ne figura pas parmi les membres fondateurs de la SDN, il manifesta rapidement son désir de rejoindre les pays signataires. Il y fut admis le 16 décembre 1920 malgré les controverses soulevées par la volonté du gouvernement Reuter de maintenir le pays dans la neutralité inscrite dans le traité de Londres du 11 mai 1867. On convint d'une *neutralité atténuée* qui excluait pour le Luxembourg, comme pour les autres petits États, toute collaboration à une action militaire, mais l'acceptation à participer aux sanctions économiques prévues par le Pacte et le droit de passage sur son territoire aux troupes de la Société des Nations. La Chambre des députés ne ratifia pas le pacte avec la SDN dont l'adhésion fut considérée contraire à la Constitution luxembourgeoise ; paradoxalement, les députés luxembourgeois votèrent néanmoins chaque année le crédit pour payer la contribution incombant aux pays signataires. Dans sa collaboration avec la SDN, le pays se tint à l'écart des débats relatifs à la *réduction des armements* (1922), ne ratifia pas les *Accords de Locarno* (1925), s'attacha au principe de stricte neutralité militaire tant à l'occasion du projet d'*Union fédérale européenne* du Français Aristide Briand (1930) qu'à la *Conférence du désarmement* (1932) et limita sa participation aux sanctions économiques et financières contre l'Italie lors du *conflit italo-éthiopien* (1935). Attentive à conforter la sécurité extérieure du pays, la diplomatie luxembourgeoise profita largement des avantages de l'*arbitrage international* qu'offraient les traités de Locarno afin de conclure des traités d'arbitrage et de conciliation avec les États voisins, dont la Belgique et la France, mais aussi avec la plupart des autres pays d'Europe et même les États-Unis (1929). L'avènement du nazisme, le conflit éthiopien, la guerre d'Espagne et la remilitarisation en mars 1936 de la rive gauche du Rhin démontrèrent clairement l'échec des accords de Locarno. Dès 1936, la décision de la Belgique de dénoncer l'accord militaire franco-belge de septembre 1920 et d'opter pour un retour à la neutralité isola la diplomatie luxembourgeoise. Joseph Bech tenta en vain de rallier les puissances autour du principe de neutralité de son pays : l'Allemagne déclara subordonner son accord à la position de la France, et la Grande-Bretagne, d'abord opposée, finit par en admettre le principe. Quant à la France, elle tergiversa.

Alors que la SDN, affaiblie par le départ de l'Allemagne, de l'Italie et du Japon, n'offrait plus que de maigres garanties aux pays signataires, un certain nombre de petits États – la Suède, la Norvège, le Danemark, la Finlande, les Pays-Bas – et l'Union économique belgo-luxembourgeoise (par l'entremise de la Belgique) signèrent, le 22 décembre 1930, la *Convention d'Oslo*. L'objet de la Convention porta sur les développements d'échanges commerciaux. Lors de la *Conférence de Copenhague*, en juillet 1938, le *Groupe d'Oslo* décida de transformer les accords économiques en accords politiques afin d'œuvrer pour le maintien de la paix en Europe. Alors qu'en 1938 le gouvernement grand-ducal réitéra sa détermination de poursuivre sa tradition de neutralité, la politique expansionniste de l'Allemagne nazie allait faire basculer le monde dans la tragédie du second conflit mondial.

« Heim ins Reich. » Le Luxembourg dans la Seconde Guerre mondiale (1940-1945). – À l'aube du 10 mai 1940, les troupes allemandes envahissent la Belgique, les Pays-Bas et le Grand-Duché, violant ainsi pour la seconde fois la neutralité luxembourgeoise. Échappant de justesse aux avant-gardes allemandes, la grande-duchesse Charlotte et quatre membres du gouvernement – Pierre Dupong et Joseph Bech pour la droite, et Pierre Krier et Victor Bodson du côté socialiste – avaient quitté le pays dès potron-minet pour rejoindre la France et s'installer au siège de la légation luxembourgeoise à Paris. Le cinquième ministre du gouvernement, Nicolas Margue, moins chanceux, sera retenu par les Allemands et déporté plus tard avec sa famille à l'Est. Après la capitulation française, les autorités luxembourgeoises passent d'abord en Espagne (19 juin) et ensuite au Portugal (24 juin). Les ministres rescapés rejoindront les uns la famille grand-ducale à Montréal, et les autres Londres et formeront un *gouvernement en exil.* La fuite précipitée du gouvernement, qui, disait-on, avait entraîné avec lui la souveraine, plongea la population dans le désarroi. Ce départ pourtant, dont la décision avait été prise à l'avance, résultait de la volonté des dirigeants nationaux d'éviter la maladresse de 1914 et refuser ainsi le risque d'une collaboration avec l'ennemi. Sur le moment, peu de Luxembourgeois surent saisir la portée de ce départ précipité ; ils virent dans la hâte ministérielle comme une désertion et un abandon de poste. La fuite du gouvernement permit néanmoins après la guerre d'éviter une nouvelle question luxembourgeoise comme ce fut le cas au lendemain du premier conflit mondial.

Afin d'assurer l'administration du pays en cas d'invasion, le gouvernement avait prévu la formation d'une Commission administrative confiée à *Albert Wehrer*, secrétaire général du gouvernement. Au lendemain de l'invasion, la Commission adressa une lettre au chancelier du Reich pour demander le maintien de l'indépendance nationale et le retour de la souveraine. Pour toute réponse, Hitler plaça le Luxembourg sous tutelle allemande, incorpora le pays au Gau Coblence-Trèves et s'empressa d'envoyer le Gauleiter *Gustav Simon*, flanqué d'un important corps de police. Simon avait reçu pour mission d'organiser la germanisation du pays et préparer le « retour » à la Grande Allemagne. L'indépendance nationale ainsi bafouée excluait tout retour au pays de la grande-duchesse. Après avoir d'abord rejoint Londres, Charlotte quitta l'Europe pour aller s'établir avec les ministres Victor Bodson et Pierre Dupong à Montréal. Joseph Bech et Pierre Krier restèrent à Londres et nouèrent des rapports plus étroits avec les politiciens belges et hollandais, eux aussi exilés. Ce rapprochement dans le malheur permit aux gouvernants des trois pays de confronter leurs intérêts communs et contribua à faire aboutir, le 5 septembre 1944, la signature de la Convention du Benelux.

Nommé par décret de Hitler en date du 2 août 1940, Simon devint Chef de l'administration civile et s'empressa de « nazifier » le pays en promulguant une avalanche d'ordonnances. La première, datée du 6 août 1940, interdit l'usage de la langue française dans la vie publique luxembourgeoise. La langue française fut aussitôt bannie de l'enseignement primaire, des journaux et des publications de toutes sortes ; enseignes et poteaux indicateurs devaient être rédigés en allemand. D'autres ordonnances se succédèrent afin d'introduire l'administration allemande, le Code pénal nazi, la mise en place de tribunaux d'exception et de la législation antijuive, la dissolution des associations. Sur le plan syndical, l'occupant remplaça les anciens syndicats – le *Lëtzebuerger Aarbechterverband* (LAV, 1920), d'obédience socialiste, et le *Lëtzebuerger Chrëschtleche Gewerkschaftsbond* (LCGB, 1921), d'inspiration chrétienne – par l'*Arbeitsfront*. En janvier 1941, le Gau devient *Moselland*.

Dès août 1940, le franc luxembourgeois et le franc belge furent remplacés par le Reichsmark, l'UEBL cessa d'exister et le secteur bancaire luxembourgeois mis sous la tutelle de commissaires allemands. La Chambre des députés et le Conseil d'État sont dissous, les partis politiques supprimés et leurs biens confisqués. L'unique groupement autorisé fut le *Mouvement pour l'intégration au peuple allemand* (*Volksdeutsche Bewegung*, VDB), fondé en juin 1940 par un groupe de Luxembourgeois germanophiles et dirigé par un professeur de l'enseignement secondaire, *Damian Kratzenberg* (1878-1946). Gustav Simon fit rapidement comprendre aux intéressés que rejoindre le VDB était recommandé à qui souhaitait trouver sa place dans l'ordre nouveau. Instituteurs, fonctionnaires, commerçants rejoignirent en masse le mouvement : de 600 membres sympathisants dénombrés par Kratzenberg au 1er août 1940, ils passèrent à 6 000 le 1er septembre de la même année et, sous la pression « insistante », à 71 000 en octobre 1941 ! Dès la fin de l'année 1940, surgirent les premiers mouvements de résistance ; leur action parvint à maintenir le moral de la population traumatisée par la brutalité de l'occupant. Des jeunes Luxembourgeois quittèrent le pays pour rejoindre les résistances française et belge, et d'autres gagnèrent l'Angleterre pour former un bataillon luxembourgeois. Devant l'échec de sa politique de germanisation, Simon accentua la pression. Au printemps 1941, il introduisit le service de travail obligatoire (*Reichsarbeitsdienst*) pour les jeunes et le 30 août 1942 il imposa le service militaire obligatoire aux classes 1920-1924 et plus tard jusqu'en 1927. L'annexion du Grand-Duché au Reich était de fait consommée. Dès le lendemain, des grèves éclatèrent dans tout le pays : ouvriers sidérurgistes du Sud, paysans du Nord, instituteurs, professeurs et élèves de lycée manifestèrent pacifiquement leur réprobation. Cet acte de résistance passive fut réprimé dans le sang. Des grévistes furent fusillés et d'autres déportés. Des réfractaires emprisonnés paieront de leur vie leur refus de servir l'ennemi. Bien vite, la terreur nazie s'étendit sur tout le pays : 1 138 familles furent déportées vers la Silésie ou la Pologne pour être « rééduquées » dans des camps dirigés par des « SS ». L'historien Gilbert Trausch a évalué à 5 693 personnes le nombre de citoyens victimes des mesures prises par l'occupant au cours de cette sinistre période. Si beaucoup de jeunes Luxembourgeois périrent à l'Est sous l'uniforme allemand ou bien furent exécutés pour avoir refusé de le porter, d'autres disparurent sous les bombardements ou en déportation. Sur un total de 293 000 habitants, le Luxembourg eut à déplorer la perte de 2 % de sa population. En Europe occidentale, seuls les Pays-Bas dépassèrent cette macabre statistique : Pays-Bas (2,4 %), France (1,5 %), Belgique (1 %) et Grande-Bretagne (0,7 %). Après la guerre, ce petit peuple pacifique et sans tradition militaire pansa ses plaies et sut se montrer longtemps discret sur ses souffrances et son martyre.

Le 9 septembre 1944, les troupes américaines franchirent la frontière ; dix jours auparavant, Gustav Simon et ses sbires avaient déserté le pays pour se réfugier à Trèves. Si le pays fut relativement épargné lors de l'invasion de 1940, la dernière offensive allemande déclenchée par le maréchal von Rundstedt le 16 décembre 1944 dévasta tout le nord ainsi que la région de la Basse-Sûre. La résistance héroïque des troupes américaines, encerclées dans la petite ville de Bastogne, fit de cette dernière un lieu de mémoire de la bravoure américaine. Après la chute de l'Allemagne, la grande-duchesse revint au pays le 14 avril 1945 ; elle fut accueillie dans la liesse. Elle y avait été précédée en septembre 1944 par son époux, le prince Félix, et son fils Jean, grand-duc héritier. Quant au gouvernement, il était rentré d'exil depuis le 23 septembre 1944.

Le second après-guerre. – Dès son retour, le gouvernement de Pierre Dupong se heurta à la nécessité urgente de redresser le pays meurtri. Un tiers de l'habitat national était détruit, les infrastructures ravagées, les chemins de fer immobilisés, l'agriculture ruinée, la sidérurgie ralentie par manque de combustible. À ces problèmes vitaux pour le pays s'ajoutèrent les difficultés de ravitaillement, le rapatriement des prisonniers, les affres de l'épuration, le rétablissement de la monnaie nationale et l'assurance de salaires minimaux aux travailleurs. Politiquement, les revendications des anciens résistants à vouloir participer à la direction des affaires entraînèrent quelques remaniements ministériels jusqu'aux élections législatives du 21 octobre 1945. Ces dernières confirmèrent les anciens partis – *Parti chrétien-social* (PCS) et *Parti ouvrier socialiste* (POS) – mais virent aussi apparaître deux nouvelles formations : le *Groupement patriotique démocratique*, constitué d'anciens résistants et de libéraux rescapés, et le *Parti communiste*, particulièrement bien implanté dans les cités industrielles du Sud. Le 13 novembre 1945, Pierre Dupong forma un gouvernement d'union nationale ;

il dirigea les affaires jusqu'en février 1947. Les prémices de la guerre froide écartèrent les communistes du gouvernement ; ils n'y reviendront jamais. Une nouvelle coalition formée du parti chrétien-social et du groupement démocratique fut constituée le 1er mars 1947. Elle se maintint jusqu'en juillet 1951, date où les socialistes revinrent dans la coalition en remplacement des libéraux déboutés.

CHAPITRE VI

L'essor contemporain (de 1950 à nos jours)

Après la Seconde Guerre mondiale, la stabilité politique et le maintien de la paix sociale furent les garants du développement économique du pays. De prime abord, on peut épingler le rôle apprécié qu'a joué la grande-duchesse Charlotte dans la vie du pays. Si, comme c'est le cas pour la plupart des autres dynasties européennes, le souverain luxembourgeois règne mais ne gouverne pas, il serait erroné de ne voir dans cette femme d'action qu'une souveraine d'apparat. Réservée sur le plan national, Charlotte fit preuve d'une activité importante pour porter l'image du Grand-Duché hors des frontières, soit en accueillant des personnalités étrangères comme la veuve du président Franklin D. Roosevelt (1950), Juliana des Pays-Bas (1951), René Coty (1957), Baudouin de Belgique (1959), Bhumibol de Thaïlande (1961), Olaf de Norvège (1964), soit en répondant aux invitations officielles. C'est ainsi qu'elle fut reçue en audience par Pie XII en 1950 et invitée par Charles de Gaulle (1961) puis par John F. Kennedy (1963). Le 4 mai 1961, Charlotte nommait lieutenant-représentant son fils aîné, le grand-duc héritier Jean de Luxembourg, et, le 12 novembre 1964, elle abdiquait en sa faveur. Jean avait épousé, le 9 avril 1953, Joséphine-Charlotte, fille aînée du roi Léopold III de Belgique, décédée en 2005. Retirée au château de Fischbach avec son époux, la grande-duchesse Charlotte de Luxembourg, duchesse de Nassau et princesse de Bourbon-Parme, s'éteignit le 9 juillet 1985.

Les vicissitudes nationales et internationales auxquelles elle eut à faire face durant son long règne (1919-1964), sa personnalité attachante, son charisme et la popularité dont elle a joui, contribuent sans doute à expliquer la persistance dont son souvenir imprègne encore aujourd'hui l'imaginaire collectif de la population luxembourgeoise.

Dans le domaine politique, ce sont des gouvernements de coalition bipartites qui se succèdent de 1951 à 2013 ; en dehors de la période allant de juin 1974 à juillet 1979, le Parti chrétien-social (CSV), toujours majoritaire, partagea le pouvoir soit avec le Parti démocratique (DP), soit avec le Parti socialiste (LSAP). Représentants de la majorité électorale du pays, ce sont les sociaux-chrétiens Pierre Dupong, Joseph Bech, Pierre Frieden, Pierre Werner, Jacques Santer et, jusqu'en décembre 2013, Jean-Claude Juncker, qui présidèrent les gouvernements. Le libéral Gaston Thorn assura cette fonction de 1974 à 1979, période de coalition démocrate-socialiste. Lors des élections anticipées d'octobre 2013, contre toute attente et en totale contradiction avec la majorité électorale favorable aux sociaux-chrétiens, le pas de deux s'est rompu pour céder la place à une tripartite démocrate-socialo-écolo qui s'est constituée en un gouvernement mené par Xavier Bettel (DP).

Sur le plan syndical, les anciennes formations (LAV et LCGB), supprimées sous l'occupant, refirent leur apparition après la guerre ; s'y ajouta un groupement de tendance communiste, le *Fräie Lëtzebuerger Aarbechtverband* (FLA). Ce dernier fusionna en 1966 avec le syndicat socialiste *Lëtzebuerger Aarberchterverband* pour former l'actuel *Onofhängege Gewerkschaftsbond Lëtzebuerg* (OGB-L). Malgré les tentatives de créer un mouvement syndical luxembourgeois unitaire, le bipolarisme « gauche-droite » parvint à subsister. Ce n'est pourtant pas le cas pour les associations dont les membres appartiennent en majorité au secteur tertiaire comme la *Confédération générale de la fonction publique* qui regroupe une grande partie des agents de l'État, l'*Association des employés des banques et d'assurances*, la *Neutral Gewerkschaft* et la *Fédération générale des fonctionnaires communaux* qui ne se réclament ni d'un parti politique ni d'un engagement idéologique.

D'un point de vue économique, l'évolution depuis les années 1950 s'est surtout inscrite dans une démarche d'adaptation et de reconversion. Les deux piliers de l'économie traditionnelle, sidérurgie et agriculture, eurent à s'accommoder des contraintes imposées par la « nouvelle donne » européenne pour laquelle les gouvernements luxembourgeois se montrèrent des partisans inconditionnels. Si, pour citer Pierre Werner, le Luxembourg fait entendre sa voix « *avec circonspection et prudence* », l'esprit de clairvoyance et l'aura internationale dont jouirent certains présidents de gouvernement firent que ces mutations purent se réaliser jusqu'à il y a peu sans trop de convulsions économiques, elles ne permirent néanmoins pas d'éviter des modifications profondes dans les fondements sociodémographiques du pays.

L'exploitation des minières et l'utilisation de la « *minette* » dans la production de l'acier avaient assuré la sidérurgie, dès le XIXe siècle, d'un essor considérable. L'épuisement des meilleurs gisements miniers et l'augmentation des coûts d'exploitation firent que, dès 1957, l'extraction indigène ne cessa de diminuer pour s'arrêter finalement en novembre 1981. Après l'avoir extrait *in situ* ou bien importé des mines de Lorraine puis de Suède et du Brésil, on a abandonné le minerai de fer en 1997. La matière première de base du procédé électrique – qui a remplacé en 1993 la « filière hauts-fourneaux » – est la ferraille, pour grande part importée des États-Unis.

La production sidérurgique sera surtout tributaire de l'évolution générale du secteur. De 1950 aux années septante, la production d'acier connaît un accroissement sans précédent : 3 millions de tonnes en 1951, 4 millions en 1960 et, sommet historique, 6,5 millions de tonnes en 1974. L'accroissement mondial de la concurrence et le poids du monolithisme sidérurgique dans l'économie nationale incitèrent le gouvernement à encourager une politique de diversification et réduire la part du secteur sidérurgique dans la formation du PIB. En 1952, le secteur représentait 43 % du PIB ; en 1960, 32 % et en 2011 à peine 2 %. De 1974 à 1992, la production d'acier diminua de 50 % et l'ARBED, qui avait absorbé la société HADIR en 1967, fut amenée à réduire ses effectifs de 27 000 à 8 100 travailleurs. Par des mesures appropriées – financement par l'État de travaux extraordinaires, occupation des salariés dans des travaux d'utilité publique, préretraite obligatoire, plan de reconversion et impôt de solidarité imposé à tous les salariés –, le gouvernement et les entreprises parvinrent à éviter les mouvements sociaux qui secouèrent les sidérurgies en crise des pays voisins. En 2002, l'ARBED fusionne avec USINOR et ACERALIA pour former le nouveau groupe ARCELOR ; ce dernier, pris dans la tourmente d'une OPA du groupe indien Mittal Steel en 2006, deviendra en 2008, malgré les soubresauts outrés mais surtout médiatiques des autorités luxembourgeoises, ARCELOR-MITTAL qui ne comptait plus que 4 810 travailleurs fin septembre 2013.

À l'instar de la sidérurgie, les autres industries traditionnelles (tanneries, textiles...) cédèrent la place à des activités nouvelles. En 1962, une loi-cadre promulgua les conditions qui permettaient à de nouvelles industries de s'installer au Luxembourg. La stabilité politique et le climat de paix sociale du pays attirèrent des sociétés étrangères qui investirent dans le domaine de la chimie, du travail des métaux, de la mécanique et de l'électronique. Si on exclut quelques grandes entreprises industrielles telles que *Goodyear* (pneus), *Dupont de Nemours* (produits plastiques), *Ceratizit* (métallurgie des poudres), *Guardian* (production de verre), *ELTH* (thermostats) ou bien encore *Tarkett* (revêtement de sol), la plupart d'entre elles sont des petites et moyennes entreprises de moins de 500 travailleurs.

Tout comme le secteur sidérurgique, l'agriculture et la viticulture subirent à leur tour des changements structurels importants. Si les progrès techniques, amorcés dès le XIXe siècle et perfectionnés largement au cours du XXe siècle, contribuèrent à améliorer les rendements du secteur, la contribution de l'agriculture au PIB s'est vue réduite de 9,3 % en 1952 à 0,3 % en 2011. Le nombre des exploitations recensées est passé de 13 578 en 1950 à 2 137 en 2012 avec une superficie moyenne actuelle de 68,4 ha, contre 10,61 ha en 1950. Les contraintes de rentabilité imposées depuis l'après-guerre ont conduit l'agriculture luxembourgeoise à s'orienter de plus en plus, au sein d'exploitations familiales, vers l'élevage du bétail, la production laitière et les cultures fourragères. La superficie d'exploitation des plantes fourragères est passée de 11 070 ha en 1950 à 27 451 ha en 2012 et celle des prairies et pâturages de 60 893 ha à 67 292 ha. Pour les mêmes périodes, la superficie des autres terres de cultures passa de 3 532 ha à 1 637 ha. Ainsi, pour les céréales panifiables, la production a diminué de près de la moitié et la culture de la pomme de terre, qui exige une main-d'œuvre importante, a été réduite de 8 130 ha en 1950 à 639 ha en 2012. La situation actuelle du secteur agricole luxembourgeois est mise à rude épreuve tant par les accords internationaux de l'OMC que par la mise en application de la réforme communautaire de la PAC. Outre le fait que la situation du secteur agricole ne cesse de se dégrader, les réformes de la PAC en cours risquent d'aggraver encore la situation du secteur en hypothéquant la production laitière, pilier de l'agriculture nationale. Quant à la viticulture, elle a aussi été engagée dans un vaste processus de rationalisation. En 2013, on comptait 357 exploitations, situées sur les coteaux de la Moselle, contre 3 500 au début du siècle. Pour un volume d'exportation total de 71 641 hl en 2013, la Belgique a absorbé à elle seule 56 090 hl (soit 78 % des exportations) et la France 5 639 hl. Quant aux importations de vin, destinées surtout aux nombreux immigrés méditerranéens présents dans le pays (116 649 résidents en 2014, contre 51 600 en 1981), elles se sont élevées pour l'année 2013 à 226 300 hl, surtout en provenance de France (70 729 hl) et d'Italie (30 625 hl). Il est significatif de constater que, alors que le Portugal exportait en 1983 un volume de 4 501 hl de vin vers le Luxembourg, il en a exporté 45 607 hl en 2013. En quarante ans (1960-2000), le marché intérieur des vins a connu un accroissement exponentiel en triplant sa demande de 96 000 hl à 304 000 hl. Au cours de la même période, alors que la vente des vins étrangers a augmenté annuellement de 13,6 %, celle des vins autochtones n'a progressé que de 1 % à peine.

À côté de cet effort de reconversion et de diversification des secteurs primaire et secondaire, on assista entre 1960 et 1980 à un vaste déploiement du tertiaire, dont le secteur bancaire représenta le fer de lance. Alors que, en 1947, Luxembourg comptait 13 banques, leur nombre passe de 19 en 1960 à 111 en 1980. En 2013, la place financière comptait 147 établissements de crédit ; avec 44 222 salariés à la fin 2013, le secteur financier – y compris les activités connexes – reste aujourd'hui l'un des principaux employeurs du pays avec 12 % de l'emploi intérieur en 2013 et il représentait encore plus d'un cinquième de la valeur ajoutée du pays en 2011. Cet essor est dû à un ensemble de facteurs tant endogènes qu'exogènes. On a déjà évoqué les actions entreprises avant guerre par le ministre des Finances Pierre Dupong pour attirer des activités financières au Luxembourg : création d'une *Bourse des valeurs* et loi du 31 juillet 1929 constituant le *régime des sociétés « holding »* dont les conditions fiscales favorables eurent pour effet la constitution d'un grand nombre de ce type de sociétés au Grand-Duché. Au lendemain de la Seconde Guerre mondiale, les États-Unis, devenus le plus important bailleur de fonds sur le plan international, voyaient leur monnaie convoitée par les banques centrales européennes qui souhaitaient constituer d'importantes réserves en dollars. L'augmentation continue d'emprunts internationaux sur le marché financier de New York provoqua une détérioration de la balance des paiements et incita le gouvernement américain à introduire en 1964 une *interest equalization tax.* Cette taxe imposée sur les emprunts contractés par des non-résidents sur le marché américain découragea les émetteurs et déplaça les émissions d'emprunts hors des États-Unis. Si, sur l'Ancien Continent, Londres, Zurich et Amsterdam étaient capables de prendre part au marché international des eurodollars, les multiples réglementations nationales (*Bardepot* en Allemagne, contrôle sur les changes, augmentation des coûts en Suisse) entravèrent la libre circulation des capitaux. Le gouvernement luxembourgeois, à l'incitation éclairée du ministre *Pierre Werner*, saisit sa chance. Dans le cadre de la législation édictée en 1929, des banques étrangères, d'abord américaines (Bank of America, First National Bank of Boston, City Bank) puis allemandes (Dresdner, Commerzbank, Deutsche Bank), souhaitant accéder à moindres frais aux marchés internationaux, s'installèrent à Luxembourg. Petit à petit, des mesures attractives furent mises en place pour attirer les capitaux étrangers. Une législation adaptée, la souplesse administrative, l'absence de Banque centrale, la dispense de l'obligation de constituer des réserves et une tradition bien ancrée de secret bancaire consacrée par la jurisprudence incitèrent les banquiers à profiter de cet environnement favorable. L'absence de retenue à la source sur le paiement des intérêts et dividendes sur les titres étrangers pour les non-résidents et un régime de Bourse souple rendaient la place luxembourgeoise encore plus attractive pour les investisseurs étrangers. Au fil des années, la place financière va bénéficier d'autres facteurs favorables : la stabilité politique et sociale, l'implantation d'institutions financières internationales comme la Banque européenne d'investissements ou la Cour européenne des comptes, l'élaboration d'une réglementation souple pour la création d'organismes de placement collectif, la mise en place d'un contrôle bancaire rigoureux assuré par l'*Institut monétaire luxembourgeois* – relayé le 1er janvier 1999 par la *Commission de surveillance du secteur financier* – et une législation sévère sur le blanchiment des capitaux douteux en provenance du marché de la drogue ou de la criminalité. Si tous ces facteurs expliquent la rapidité de l'essor bancaire, il faut néanmoins rester attentif au fait que, comme pour les autres activités de la vie économique du pays, le secteur financier reste surtout orienté hors des frontières. Cela implique, comme par le passé pour la sidérurgie, qu'une part essentielle du revenu national se forme sur base d'investissements non nationaux, mais dont la volatilité est aujourd'hui beaucoup plus importante que celle de l'imposant appareil industriel de jadis. À côté de cette dépendance, la survivance du centre financier reste largement tributaire des pressions exercées par les grands concurrents européens. Sous couvert d'harmonisation fiscale, certains États européens ont remis en cause la législation luxembourgeoise en matière de secret bancaire ; l'adhésion récente des dirigeants luxembourgeois à l'échange automatique d'informations fiscales en sonnera le glas en 2017. De plus, la déréglementation des marchés financiers internationaux, la mondialisation des services et le fardeau toujours plus contraignant imposé par les Directives de Bruxelles – consenti passivement par les autorités locales – pourraient bien contribuer à porter un *coup de Jarnac* fatal à la place financière qui a dû l'essentiel de son essor à ses *particularismes nationaux.* En contrepartie, cet assujettissement aux ukases étrangers écarte le risque de voir à nouveau la question posée, comme elle le fut en 1920 par le délégué anglais à la Société des Nations, du bien-fondé de la survivance du petit État luxembourgeois ; elle contribue à assurer les grandes Nations de l'adhésion inconditionnelle des dirigeants politiques locaux aux desseins de l'intégration européenne.

À ces menaces externes, on peut ajouter le déséquilibre interne que représente la part prise par la main-d'œuvre étrangère dans l'économie nationale. À ce jour, plus des trois quarts des effectifs du secteur financier ne sont pas luxembourgeois. En 1972, 74 % du personnel des établissements de crédit étaient constitués de nationaux ; fin 2013, leur nombre est tombé à 23 %. Si certains affirment que c'est la pénurie de main-d'œuvre nationale qualifiée qui est cause de cette situation, d'autres y voient plutôt une attitude discriminatoire de la part des directoires des institutions financières qui, pour des raisons culturelles ou commerciales, préfèrent plutôt réserver à leurs compatriotes les emplois disponibles, surtout dans les postes élevés. Ce déficit en travailleurs luxembourgeois n'apparaît pas uniquement dans le secteur financier : au second semestre 2014, les statistiques nationales recensaient sur le total des salariés, soit 370 409 individus, 71,5 % de travailleurs résidants étrangers et frontaliers. Le pourcentage de ces derniers s'élève à la même période à 44 % de la population active. Les directives européennes sur la libre circulation des travailleurs – *cauchemar du Luxembourg* (Gilbert Trausch) –, auxquelles les députés luxembourgeois adhérèrent sans réserve, réduisent le gouvernement à être un acteur passif dans la régulation du marché du travail. Cela exclut, en cas de crise, toute politique « protectionniste » à l'instar de celle qui sauvegarda l'emploi national dans la sidérurgie des années 1930 et fait qu'il sera dorénavant peu aisé de contrer la croissance du flot de frontaliers ou d'étrangers sur le marché national. Par ailleurs, si à ce jour les revenus de l'État permettent encore d'assurer l'emploi à près de 34 % des salariés nationaux (de 2004 à 2014 le nombre de salariés par l'État a crû de 43 %), de financer un chômage de fort accroissement (140 % entre 2004 et 2014) et de couvrir l'augmentation constante des dépenses sociales (en 2010, la protection sociale pesait 43,3 % du total des dépenses, contre 14,7 % en 1970), aucune prévision à terme ne permet de supposer que ces conditions favorables puissent perdurer.

Alors que la place financière a bénéficié depuis les années 1980 d'une expansion considérable, depuis la crise de 2008, selon le STATEC, l'interbancaire s'est étiolé en raison du recours direct des banques auprès de la BCE et le *Private Banking* est sous la menace de la disparition du secret bancaire. Seule l'administration des OPC subsiste encore comme pilier de la place. Si l'activité financière reste toujours un contributeur important de l'économie nationale – 30 % du PIB en 2010 contre près de 50 % en 2007 – elle ne pourra sans doute pas à elle seule assurer la pérennité économique d'autant plus que l'étau communautaire se resserre de plus en plus sur l'économie du pays.

Dès lors, les autorités se sont engagées dans des politiques de diversification qui, outre le développement de l'existant, consistent à rechercher des opportunités d'investissements étrangers tels que les équipements pour l'industrie automobile, l'industrie plasturgique, les technologies de l'information et des communications, le commerce électronique et média, les technologies environnementales, les matériaux et la logistique. En contribuant à financer la recherche, le gouvernement pourrait susciter le développement d'activités innovantes en collaboration avec la nouvelle institution universitaire portée sur les fonts baptismaux en 2003.

CHAPITRE VII

Le Grand-Duché dans l'intégration européenne

Prémices. – Dès le XIXe siècle, l'exiguïté du territoire national avait imposé au pays une politique étrangère visant stratégiquement à la conclusion d'alliances et économiquement à la recherche de partenaires économiques. En signant, en 1867, le traité de Londres, le Grand-Duché espérait échanger, contre une promesse de neutralité perpétuelle, l'assurance par les grandes puissances de l'inviolabilité de son territoire ; en acceptant de s'intégrer dans le *Zollverein* (1842-1918) et en adhérant à l'union économique avec la Belgique (1922), les autorités espéraient engager le pays dans la voie de la prospérité économique. Les invasions de 1914 et 1940 avaient montré la fragilité des alliances et l'illusion que pouvait présenter une politique internationale construite sur le principe de neutralité. Aussi, au lendemain de la Seconde Guerre mondiale, le pays vise-t-il à rompre avec ce principe et à revoir sa politique de sécurité. Dès son retour de Londres, le gouvernement luxembourgeois, par l'arrêté du 30 novembre 1944, introduit le service militaire obligatoire et participe à l'occupation de l'Allemagne (région de Bitburg, Neuerburg et Saarburg) ; le 26 juin 1945, en signant la Charte de San Francisco, le Grand-Duché devient membre fondateur de l'Organisation des Nations Unies. Enfin, par une loi promulguée le 28 avril 1948, le législateur luxembourgeois raye le principe de neutralité inscrit dans l'article Ier de la Constitution de 1868. Le renouveau des tensions entre les grandes puissances, le souvenir des échecs de la SDN et les menaces de l'expansion soviétique poussent le Luxembourg à s'associer au traité de Bruxelles qui unit depuis le 17 mars 1948 les pays du Benelux à la France et à la Grande-Bretagne. Enfin, le 4 avril 1949, le Luxembourg, en ratifiant le traité de Washington, adhère à l'Organisation du traité de l'Atlantique-Nord (OTAN). Le principe de « neutralité perpétuelle » relégué définitivement dans le passé, c'est dorénavant au système des alliances que le Grand-Duché confiera sa sécurité.

L'immédiat après-guerre va être l'occasion pour le Luxembourg d'affirmer sa volonté de s'associer aux grandes institutions économiques internationales : en juillet 1944, le Grand-Duché est présent à la conférence de Bretton-Woods et devient membre du Fonds monétaire international et de la Banque internationale pour le développement. Dans ce même esprit d'ouverture, le gouvernement engagea activement le pays dans sa politique européenne. Déjà, au cours du conflit mondial, le gouvernement luxembourgeois en exil à Londres s'était appliqué, dans le sillage de son partenaire belge, à négocier une Convention monétaire (23 octobre 1943) avec les Pays-Bas. Par le traité d'union douanière signé le 5 septembre 1944, la Belgique, le Grand-Duché de Luxembourg et les Pays-Bas concrétisaient le *Benelux*. En réalité, il s'était agi plutôt d'un accord bipartite, le Luxembourg n'y figurant dans un premier temps que comme partenaire de l'UEBL. Une résolution semblable avait été amorcée en 1932 quand les trois mêmes pays s'étaient engagés, par la Convention d'Ouchy, à réduire progressivement leurs droits de douane de 50 % en cinq ans. Le projet dut être abandonné devant l'opposition des partenaires économiques respectifs des contractants. Les trois pays avaient connu un destin historique fort proche ; leurs économies orientées vers l'exportation pouvaient laisser augurer favorablement de la réussite du projet. Le traité fut néanmoins difficile à mettre en œuvre. Les Pays-Bas, qui sortaient ruinés de la guerre, ne disposaient pas d'une monnaie forte comme la Belgique ; les ports d'Anvers et de Rotterdam étaient en concurrence et l'environnement libéral en Belgique ne coïncidait pas avec le dirigisme néerlandais. La Convention douanière entra néanmoins en vigueur le 1er janvier 1948, mais au niveau bas, c'est-à-dire en admettant uniquement la suppression des droits de douane entre les trois pays. Un accord de « Préunion » économique fut signé le 15 octobre 1949. Il élimina la plupart des restrictions quantitatives, mais excluait une politique agricole commune. L'accord admettant le libre transfert des capitaux fut signé en 1954 et celui sur la libre circulation des travailleurs en 1956. Le traité d'union économique fut conclu le 3 février 1958 et entra en vigueur le 1er novembre 1960. Si aujourd'hui le Benelux s'est essoufflé et laissé dépasser par l'unification européenne, l'étroite collaboration politique dont firent preuve les trois partenaires au lendemain de la Seconde Guerre *apparut longtemps comme une voie à suivre* (Gilbert Trausch).

« Luxembourg, courtier honnête de l'Europe. » – Cette citation de Theodore Roosevelt reprise par l'ancien Premier ministre luxembourgeois *Jacques Santer* lors d'une interview qu'il donna au journal économique belge *L'Écho*, en avril 1991, illustre au mieux l'esprit dans lequel les dirigeants politiques luxembourgeois d'après guerre engagèrent le Grand-Duché à participer à la construction européenne.

La situation économique délabrée dans laquelle l'Europe patauge au lendemain de la Seconde Guerre mondiale et les risques de voir l'Ancien Continent prêter une oreille trop attentive aux sirènes du communisme conduisent le secrétaire d'État américain George Marshall à proposer, le 5 juin 1947, un plan de relèvement pour l'Europe. Le Luxembourg, favorable au projet, s'associe aux 16 pays européens qui se réunissent à Paris le 12 juillet 1947 en vue d'élaborer le rapport destiné à répondre à la proposition américaine. Lors de la création, le 16 juillet 1947, du *Comité de coopération économique européenne* (CCEE) chargé de coordonner les travaux des comités prévus par le statut de l'organisation, le Luxembourg fut choisi comme représentant de Benelux dans le très important comité sidérurgique. La mise en place du *plan Marshall* exigea de la part des États participants la conclusion de conventions de coopération économique. Cette dernière aboutit à la création, le 14 avril 1948, de l'*Organisation européenne de coopération économique* (OECE). La Chambre des députés adopta sans hésitation, hors les voix des députés communistes, l'adhésion du Luxembourg à la Convention. Le Conseil d'État, conscient de la *nécessité vitale* que représentait le plan Marshall pour la survie économique du pays, mit néanmoins le gouvernement en garde contre les risques qu'entraînerait pour le petit Luxembourg la libération des échanges commerciaux à grande échelle. Malgré d'ambitieux projets qui devaient aboutir à créer de nouvelles infrastructures dans le pays, l'aide consentie par le plan Marshall ne sera utilisée que pour la construction de nouveaux barrages et la modernisation de l'agriculture dans le cadre du programme mis en place par la *Mutual Security Administration* ; il ne profita pas à la sidérurgie. Si le plan Marshall et la mise en place de l'OECE permirent le redressement économique de l'Europe par la coopération, c'est le *Conseil de l'Europe*, créé le 5 mai 1949, qui traduisit la volonté de coopération sur les plans culturel et parlementaire. Le Luxembourg y obtint 3 sièges sur 87 et le *droit de dire non* au Conseil des ministres.

Si bénéfique que fut le rôle joué par l'OECE pour le redressement des économies nationales, elle n'avait pas réussi à coordonner les plans de relèvement des différents pays européens. L'enjeu prioritaire que représentait pour les pays producteurs d'acier le redressement de leur potentiel sidérurgique conduisit rapidement à un risque de surproduction et... de concurrence exacerbée. Pour éviter les égarements d'avant-guerre, il fallait au plus vite envisager la création d'un organe supranational capable d'organiser, selon une méthode sectorielle, la production de l'acier en Europe et conjurer la menace de la renaissance du bassin de la Ruhr. En 1942, le ministre luxembourgeois Joseph Bech avait déjà pressenti que les revendications de souveraineté de l'État national ne seraient plus capables de résoudre les difficultés économiques modernes. La France prit l'initiative quand, le 9 mai 1950, le ministre français des Affaires étrangères, Robert Schuman, inspiré par *Jean Monnet*, suggéra de créer une Communauté européenne du charbon et de l'acier, placée sous une Haute Autorité commune. Cette proposition était un *acte politique sans précédent* (Joseph Petit). Dès le 3 juin, l'Allemagne, la Belgique, l'Italie, le Luxembourg et les Pays-Bas marquèrent leur adhésion au « *Plan Schuman* ». Pour le Luxembourg, l'enjeu était de taille. S'il ne possédait pas de charbon, l'acier représentait à la fois « le cœur et le poumon » (Vincent Fally) de l'économie du pays. En adhérant au plan Schuman, le Luxembourg se voyait ouvrir largement les portes à l'exportation de ses produits sidérurgiques vers l'Allemagne et la France et accéder en toute liberté aux matières premières qui lui étaient indispensables. Pourtant, le projet de transférer des droits souverains à une institution supranationale suscita quelques inquiétudes : d'une part, sur le plan national, adhérer au projet de Schuman, c'était soumettre à un contrôle commun un pan vital de l'économie nationale ; d'autre part, dirigeants syndicaux et membres du patronat soulignèrent les difficultés qui contrariaient leurs intérêts respectifs. Les premiers craignaient de devoir affronter une baisse des salaires des ouvriers luxembourgeois et les seconds redoutaient que les subventions qui pouvaient être accordées aux charbonnages belges entraînent une rupture de l'équilibre entre les prix de revient de la production sidérurgique des deux pays. Devant ces objections, le gouvernement luxembourgeois menaça de ne pas signer. Si la démarche était intrépide, elle n'était certes pas réaliste. En raison de sa position géographique et de sa dépendance économique, le gouvernement luxembourgeois ne disposait d'aucune marge de manœuvre. Engagé dans les autres traités économiques et militaires, le Luxembourg n'avait pas d'autre choix qu'adhérer au plan Schuman. Les appréhensions nationales furent néanmoins levées quand la Haute Autorité concéda une vague clause de sauvegarde pour la sidérurgie luxembourgeoise. Les difficultés économiques contournées, restait le problème politique. Quelle allait être la place du Luxembourg dans les institutions de la CECA ? En 1950, avec une production de 2,5 millions de tonnes d'acier, le Grand-Duché se plaçait devant l'Italie et les Pays-Bas. Il était dès lors difficile d'écarter le Luxembourg comme membre à part entière, d'autant plus qu'il avait déjà joué par le passé un rôle important en 1870 comme centre du Cartel international des producteurs de fonte et en 1926 comme siège du Cartel international de l'acier. Il fut décidé qu'il serait directement représenté dans la Haute Autorité. Les trois pays du Benelux y obtinrent chacun un siège et, à l'Assemblée commune, le Grand-Duché obtint 4 sièges sur 78. En s'attardant à quelques chiffres, on peut légitimement se demander en quoi l'adhésion à la CECA fut bénéfique à la sidérurgie luxembourgeoise. Si *Jacques Poos*, ancien ministre des Affaires étrangères, écrivit opportunément en 1961 que *le bilan des sept premières années de la CECA a été positif pour le Luxembourg*, l'assertion mérite néanmoins quelques nuances. Pour les six pays de la CECA (Allemagne, France, Italie, Pays-Bas, Belgique, Luxembourg), la production d'acier passa, de 1952 à 1960, de 42 millions de tonnes à 73,1 millions de tonnes, soit une croissance de 74 %. Pour le Luxembourg seul, la croissance ne fut pour la même période que de 33 % (entre 1939 et 1951, elle avait été de 76 %). Si on considère la période de 1952 à 1973, veille des grandes restructurations dans la sidérurgie, la croissance globale de production d'acier pour les pays de la CECA fut de 192 %, contre 96 % pour le Luxembourg. Le 18 avril 1951, à Paris, le gouvernement luxembourgeois signa le traité d'adhésion à la CECA que la Chambre luxembourgeoise ratifia le 13 mai 1952.

Le fleuron de son économie mis sous tutelle, le Grand-Duché aurait pu sombrer dans l'oubli. Les circonstances en ont décidé autrement.

Rapidement se posa le problème du choix du siège de la nouvelle institution. Six villes s'étaient déclarées ouvertement candidates : Turin, Luxembourg, Liège, La Haye, Strasbourg et Sarrebruck. Le 23 juillet 1952, les six ministres des Affaires étrangères des pays signataires de la CECA se réunirent à Paris pour, entre autres, fixer le siège des institutions prévues dans le traité du 18 avril 1951. Après plus de trois jours de négociations et faute de s'entendre sur un choix définitif, il fut décidé que la Haute Autorité et la Cour de justice commenceraient leurs travaux à Luxembourg. Alors qu'au point de départ rien ne laissait présager une telle opportunité, le représentant luxembourgeois Joseph Bech sut habilement attendre, *comme un joueur de poker* (Gilbert Trausch), le moment favorable pour suggérer Luxembourg comme siège provisoire. Suite à l'échec référendaire du 23 octobre 1955, le projet franco-allemand de faire de la Sarre un district fédéral européen échoua et Sarrebruck fut écarté comme siège possible de la CECA. Luxembourg apparut de plus en plus destiné à en être le siège. Ainsi, la part importante de souveraineté nationale concédée par le Luxembourg lors du traité de Paris de 1951 se trouva quelque peu compensée par ce statut provisoire de « ville-siège » et par le prestige international qui en résultait. En concédant pour un temps le siège de la Haute Autorité et de la Cour de justice au Grand-Duché de Luxembourg, les pays signataires de la CECA reconnaissaient le rôle actif que le petit pays avait à jouer dans la construction du nouvel espace européen. Malgré la décision, en 1965, de ne conserver à Luxembourg que les services d'intervention financière de la Haute Autorité, Luxembourg resta un partenaire fidèle de la CECA. Cette dernière joua un rôle prépondérant pour le pays lors du déclenchement de la crise sidérurgique des années 1970-1980. La CECA suscita la mise en œuvre des « plans Davignon » et contribua à maintenir, non sans restructurations coûteuses, un appareil sidérurgique au Luxembourg en l'associant aux synergies transnationales avec la Belgique et la France.

La réussite de l'intégration de la CECA conduit rapidement à d'autres projets envisagés sur base du même schéma institutionnel. Si tous n'aboutirent pas, le Grand-Duché y fut chaque fois associé. L'engagement en 1950 des troupes américaines en Corée – aux côtés desquelles combattirent 85 volontaires luxembourgeois – et l'impérative nécessité de rééquilibrer les forces aux frontières de l'Europe occidentale menacées par la pression soviétique amenèrent le président Truman à demander la participation de l'Allemagne à la défense de l'Europe. Afin d'éviter le réarmement de l'Allemagne, *René Pleven*, président du Conseil français, proposa, le 24 octobre 1950, *la création, pour la défense commune, d'une armée européenne rattachée à des institutions politiques de l'Europe unie.* Malgré un enthousiasme mitigé, le projet de traité de Communauté européenne de défense (CED) fut signé à Paris le 27 mai 1952. Les structures de la CED étant calquées sur celles de la CECA, le Luxembourg devait y trouver une place similaire. En avril 1954, les députés luxembourgeois, sauf le camp communiste, s'empressèrent d'approuver sans réserve le traité (46 voix contre 4). Il en fut tout autrement à l'Assemblée nationale française : la collusion entre staliniens et nationalistes, les considérations économiques sur la fourniture des équipements, la mort de Staline en mars 1953 et la stabilisation en Corée déboutèrent les partisans du projet de défense commune. Dans le sillage de la CED, les six ministres des Affaires étrangères de la CECA avaient songé à la création d'une Communauté politique chargée de chapeauter la future armée européenne et de définir une politique étrangère commune. Ils confièrent à une assemblée, dite *Assemblée ad hoc*, le soin d'élaborer un projet de Constitution. Ladite Assemblée comportait 26 représentants dont 2 Luxembourgeois. Le projet fut finalement écarté à la suite du refus de l'Assemblée nationale française de ratifier le traité sur la CED. L'échec de la CED n'empêcha pas les pays occidentaux de devoir trouver une solution au problème du réarmement de l'Allemagne et à sa participation à la défense occidentale. D'abord réunies à Bruxelles (11 septembre 1954) puis à Londres (28 septembre), les puissances occidentales se réuniront à Paris pour signer, entre le 21 et le 24 octobre 1954, les *Accords de Paris*. Ces accords, incluant dorénavant l'Angleterre, transformaient le *Conseil*, ancien organe consultatif du traité de Bruxelles (17 mars 1948), en un *Conseil de l'union de l'Europe occidentale* (UEO), doté de pouvoirs de décision et d'une *Agence* spécialisée pour le contrôle des armements. À Luxembourg, la Chambre adopta cette nouvelle solution par 48 voix contre 3 et approuva la contribution militaire du Grand-Duché à l'Union sous la forme d'un *groupement tactique régimentaire* composé de 4 000 à 5 000 hommes.

Si l'échec conjoint de la CED et de la Communauté politique européenne avait momentanément mis fin aux projets de défense et de politique communes, la voie économique restait dès lors ouverte. Le Hollandais *Wilhelm Beyen* avait déjà fait allusion, lors des discussions relatives à la Communauté politique, à la nécessité d'élargir les pouvoirs de la Communauté au domaine économique et d'en confier l'administration à un pouvoir supranational. Ni l'Allemagne, ni l'Italie, ni la France ne s'étaient enthousiasmées pour un tel projet. Seuls les deux autres partenaires du Benelux soutinrent la thèse hollandaise. Afin de relancer l'idée européenne, le ministre belge des Affaires étrangères, *Paul-Henri Spaak*, soutenu par le Luxembourgeois Joseph Bech, proposa dans un mémorandum un projet d'intégration par secteurs (énergie, transport...). Lors de la Conférence de Messine des 1er et 2 juin 1955, la décision fut prise par les gouvernements des Six de poursuivre les efforts vers une intégration économique. Tout au long des négociations, le Luxembourg intervint peu dans les débats. Sa faiblesse démographique et sa fragilité économique, en particulier celle de son secteur agricole, incitèrent la diplomatie luxembourgeoise à surtout négocier des clauses dérogatoires. Elle obtint une clause de sauvegarde pour son agriculture, clause qui fut abolie en 1970. Dans le domaine social, la libre circulation des travailleurs fit aussi l'objet d'une dérogation. Sur le plan institutionnel, les Luxembourgeois plaideront pour *la participation et la modération* (Vincent Fally). Les traités instituant la Communauté économique européenne et l'EURATOM furent signés à Rome le 25 mars 1957. Le Luxembourg conserva la Haute Autorité de la CECA, la Cour de justice et le secrétariat des Assemblées parlementaires. Le traité de fusion du 8 avril 1965 concéda au Luxembourg, en compensation de la perte de la Haute Autorité, les institutions communautaires à caractère judiciaire et financier. Cela représente aujourd'hui la Cour de justice, la Banque européenne d'investissement, la Cour des comptes, le Centre de traduction des organes de l'Union européenne, EUROSTAT, l'Office des publications et le secrétariat du Parlement européen. L'échec dans l'attribution hautement symbolique du siège de la Banque centrale européenne (BCE), revendiqué légitimement par le Luxembourg selon la Décision d'avril 1965, mais exigé dès 1993 par Hans Tietmeyer lors de son entrée en fonction à la direction de la *Deutsche Bundesbank*, et concédé finalement à l'Allemagne, illustre bien la difficulté qu'une petite nation peut rencontrer à faire valoir ses droits sans autre force que celle de la lettre des traités. Selon les circonstances, les partenaires plus puissants s'y conforment ou pas.

Lion de pierre taillé au xe siècle dans les rochers d'une terre du Saint-Empire puis délaissé par ses fantasques dynastes, le Luxembourg ne doit sa longue durée à aucun « destin européen » singulier ni à l'appartenance à une quelconque « grande région » à la résonnance anachronique. Il doit sa pérennité aux anciennes institutions qui l'ont intégré dans des espaces plus vastes sans le dissoudre, à sa puissante forteresse souvent convoitée, aux tractations diplomatiques qui l'ont fait renaître au Congrès de Vienne, au rougeoiement de ses hauts-fourneaux et, plus près de nous, aux capitaux étrangers qui lui assurèrent une visibilité dans l'ordre financier international et à l'habileté de certains de ses gouvernants les plus avisés qui surent agir pour l'y maintenir. Aujourd'hui plutôt tigre de papier, son existence, pour citer un ancien haut fonctionnaire européen luxembourgeois, serait garantie par un Traité européen... Quand on sait la précarité des traités, les aléas du pouvoir politique *voué*, selon Michel Foucault, *à l'histoire, à la violence, à la méchanceté et à la péripétie*, quand on connaît l'inconstance des nations dominantes et que, comme l'a évoqué Raymond Aron, *l'histoire n'est que bruit et fureur*, on ne peut qu'espérer que le petit État ne soit pas dans le futur une fois encore emporté dans les vicissitudes de la *grande politique*.

ORIENTATION BIBLIOGRAPHIQUE

L'ampleur du sujet traité nous contraint à ne retenir que des travaux généraux. La plupart d'entre eux contiennent des appareils bibliographiques.

Als G., *Population et économie du Luxembourg (1839-1989)*, Luxembourg, STATEC, 1989.

Als G., *Histoire quantitative du Luxembourg (1839-1990)*, Luxembourg, STATEC, 1991.

Atten A., *Le Luxembourg à la fin de l'Ancien Régime. Structures politiques, sociales et économiques du duché de Luxembourg au XVIIIe siècle*, Luxembourg, Archives nationales, 1989.

Calmes C., Bossaert D., *Histoire du Grand-Duché de Luxembourg. De 1815 à nos jours*, Luxembourg, Saint-Paul, 1995.

Michel Margue (dir.), *Ermesinde et l'affranchissement de la ville de Luxembourg. Études sur la femme, le pouvoir et la ville*, Luxembourg, Cludem, 1994.

Fally V., *Le Grand-Duché de Luxembourg et la construction européenne*, Luxembourg, Saint-Paul, 1992.

Mémorial 1989. La société luxembourgeoise de 1839 à 1989, Luxembourg, Les Publications mosellanes, 1989.

Goedert J., *La Formation territoriale du pays de Luxembourg, depuis les origines jusqu'au milieu du XVe siècle*, Luxembourg, Imprimerie centrale, 1963

Heiderscheid A., *Aspects de sociologie religieuse du diocèse de Luxembourg*, Luxembourg, Saint-Paul, 1961-1962.

Hemmer C., *L'Économie du Grand-Duché de Luxembourg*, Luxembourg, Joseph Beffort, 1948.

Kayser E., *Quelque Part entre Vienne et Londres... Le Grand-Duché de Luxembourg de 1815 à 1867*, Luxembourg, Saint-Paul, 1990.

L'Art au Luxembourg. Des origines au début de la Renaissance, Luxembourg, Publications nationales du ministère des Arts et des Sciences, 1966, t. I.

Le Luxembourg en Lotharingie. Mélanges Paul Margue, Luxembourg, Saint-Paul, 1993.

Majerus N., *Histoire du droit dans le Grand-Duché de Luxembourg*, Luxembourg, Saint-Paul, 1949.

Majerus N., *L'Érection de l'évêché de Luxembourg*, Luxembourg, Saint-Paul, 1951.

Margue P., *Luxemburg in Mittelalter und Neuzeit*, Luxembourg, Bourg-Bourger, 1978 ; rééd. 1995.

Molitor V., *Histoire de l'idéologie politique dans le Grand-Duché de Luxembourg de 1848 à 1867*, Luxembourg, Worré-Mertens, 1939.

Petit J., *Luxembourg, plate-forme internationale*, Luxembourg, P. Linden, 1960.

Ruwet J., Bruneel C., *Le Duché de Luxembourg à la fin de l'Ancien Régime*, Louvain-la-Neuve, université catholique de Louvain, 1982.

Statistiques historiques, 1839-1989, Luxembourg, STATEC, 1990.

Ternes C. M., *La Vie quotidienne en Rhénanie romaine (Ier-IVe siècle)*, Paris, Hachette, 1972.

Thill G., *Vor-und Frühgeschichte Luxemburgs*, Luxembourg, ministère de l'Éducation nationale, 1973 ; rééd. 1995.

Trausch G., *Le Luxembourg. Émergence d'un État et d'une nation*, Anvers, Fonds Mercator, 1989.

Weber P., *Histoire de l'économie luxembourgeoise*, Luxembourg, Imprimerie V. Buck, 1950.

Yante J.-M., *Sources pour l'histoire contemporaine du Grand-Duché de Luxembourg*, Bruxelles, Archives générales du Royaume, 1992.

Gilbert Trausch (dir.), *Histoire du Luxembourg. Le destin européen d'un « petit pays »*, Toulouse, Privat, 2002.

Zimmer J., *Aux origines de la Ville de Luxembourg*, Luxembourg, Musée national d'histoire et d'art, 2002.

L'Économie luxembourgeoise. Un kaléidoscope 2008, Luxembourg, STATEC, 2008.

Kreins J.-M., *La Réception du plan Marshall au Grand-Duché de Luxembourg (1947-1951)*, in Hémecht, Jg. 61 (Lëtzebuerg, 2009), Heft 3, 1. Deel vum Artikel, Ss. 309-343 & Heft 4, 2. Deel vum Artikel, Ss. 437-465.

Ressources Internet : <www.etat.lu> ; <www.statecpublic.lu> ; <www.cespublic.lu>.

DVD historiques : *« Heim ins Reich »*, 2004 ; *Le Luxembourg sidérurgique*, 2005. (Production : Centre national de l'audiovisuel. Site : www.cna.lu)

TABLE DES MATIÈRES

Composition et mise en pages
Nord Compo à Villeneuve-d'Ascq

Imprimé en France
par la Nouvelle Imprimerie Laballery
rue Louis Blériot 58500 Clamecy
octobre 2015 - N° 510012

La Nouvelle Imprimerie Laballery est titulaire de la marque Imprim'Vert®